新型职业农民创新创业指导实务

◎ 郭迎新　董江宏　主编

中国农业科学技术出版社

图书在版编目（CIP）数据

新型职业农民创新创业指导实务／郭迎新，董江宏主编．—北京：中国农业科学技术出版社，2015.7

（新型职业农民培育工程规划教材）

ISBN 978－7－5116－2168－9

Ⅰ.①新…　Ⅱ.①郭…②董…　Ⅲ.①农民－劳动就业－中国　Ⅳ.①F323.6

中国版本图书馆 CIP 数据核字（2015）第 148475 号

责任编辑　徐　毅　姚　欢
责任校对　李向荣

出 版 者　中国农业科学技术出版社
北京市中关村南大街 12 号　邮编：100081
电　　话　(010)82106631(编辑室)　(010)82109702(发行部)
(010)82109709(读者服务部)
传　　真　(010)82106631
网　　址　http://www.castp.cn
经 销 者　各地新华书店
印 刷 者　北京富泰印刷有限责任公司
开　　本　850mm×1168mm　1/32
印　　张　8
字　　数　200 千字
版　　次　2015 年 7 月第 1 版　2015 年 7 月第 1 次印刷
定　　价　28.00 元

新型职业农民培育工程规划教材

《新型职业农民创新创业指导实务》

编　委　会

主　任　闫树军

副主任　张长江　卢文生　石高升

主　编　郭迎新　董江宏

副主编　周春祥　于玉敏　刘俊江

编　者　刘桂英　刘学艳　刘桂芹

　　　　路桂娟　胡江川　王晓红

序

随着城镇化的迅速发展，农户兼业化、村庄空心化、人口老龄化趋势日益明显，“关键农时缺人手、现代农业缺人才、农业生产缺人力”问题非常突出。因此，只有加快培育一大批爱农、懂农、务农的新型职业农民，才能从根本上保证农业后继有人，从而为推动农业稳步发展、实现农民持续增收打下坚实的基础。大力培育新型职业农民具有重要的现实意义，不仅能确保国家粮食安全和重要农产品有效供给，确保中国人的饭碗要牢牢端在自己手里，同时有利于通过发展专业大户、家庭农场、农民合作社组织，努力构建新型农业经营体系，确保农业发展“后继有人”，推进现代农业可持续发展。培养一批具有较强市场意识，有文化、懂技术、会经营、能创业的新型职业农民，现代农业发展将呈现另一番天地。

中央站在推进“四化同步”，深化农村改革，进一步解放和发展农村生产力的全局高度，提出大力培育新型职业农民，是加快和推动我国农村发展，农业增效，农民增收的重大战略决策。2014 年农业部、财政部启动新型职业农民培育工程，主动适应经济发展新常态，按照稳粮增收转方式、提质增效调结构的总要求，坚持立足产业、政府主导、多方参与、注重实效的原则，强化项目实施管理，创新培育模式、提升培育质量，加快建立“三位一体、三类协同、三级贯通”的新型职业农民培育制度体系。这充分调动了广大农民求知求学的积极性，一批新型职业农民脱颖而出，成为当地农业发展，农民致富的领头人、主力军，这标志着我国新型职业农民培育工作得以有序发展。

我们组织编写的这套《新型职业农民培育工程规划教材》丛书，其作者均是活跃在农业生产一线的技术骨干、农业科研院所的专家和农业大专院校的教师，真心期待这套丛书中的科学管理方法和先进实用技术能得到最大范围的推广和应用，为新型职业农民的素质提升起到积极的促进作用。

2015 年 5 月

前　言

党的“十八大”报告明确指出：“引导劳动者转变就业观念，鼓励多渠道多形式就业，促进创业带动就业，把创业带动就业上升为国家的核心战略层面。2013 年 12 月习近平总书记在中央农村工作会议上强调：“小康不小康，关键看老乡。”一定要看到，农业还是“四化同步”的短腿，农村还是全面建成小康社会的短板。中国要强，农业必须强；中国要美，农村必须美；中国要富，农民必须富。要实现党和国家这一宏伟目标，农业现代化是基础，农民职业化是途径，职业农民创新创业是手段。推动大批农民扎根本土创业，培植一批职业农民是促进社会主义新农村建设的一项意义重大且深远的工作。

农业创业活动是农业现代化和新农村建设的原动力。在社会主义新农村的建设大潮中，调动一切创新创业的积极因素和有利资源，培育农民的创新创业意识，激发农民的创业热情，推广农民的创新创业成果，营造活跃的农民创新创业氛围，以创新创业带动就业，以创新创业促进发展，从而推进社会主义新农村建设快速发展。本教材的编写目的，就是希望通过对职业农民的创新创业培训和指导，引导农民摒弃自我满足、安于现状、怕担风险、小富即安的保守观念，摒弃等、靠、要的落后懒散思想，激发大胆创业、艰苦创业、诚信创业、技能创业的理念，投身到社会主义新农村建设的改革大潮中。

本教程在编写过程中遵循“实用、适用、够用”的原则，着力体现时代性和示范性特征，从职业农民创新创业概念到创新创业实施逐步展开，结合大量现实、生动的案例，重点阐述了职业农民创新创业过程中信息的获取、项目的选择、实施等。教程具有指导性和创新性特点，可供农民创业培训时使用，也可作为从事农业创业培训管理人员及农业职业院校师生的学习参考用书。

由于作者水平所限，加之时间仓促，错漏在所难免，恳请读者朋友不吝赐教，提出宝贵意见。

编　者

2015 年 6 月

目　录

绪　论

一、社会主义新农村

胡锦涛同志在党的十六届五中全会上指出，纵观一些工业化国家发展的历程，社会主义新农村是指在工业化初始阶段，农业支持工业、为工业提供积累是带有普遍性的趋向；但在工业化达到相当程度以后，工业反哺农业、城市支持农村，实现工业与农业、城市与农村协调发展，也是带有普遍性的趋向。

2004 年我国国内生产总值达 13 万亿元，第二第三产业占国内生产总值的比重达到 85% 以上，财政收入 2.6 万亿元，已经初步具备了工业反哺农业、城市支持农村的经济实力。因此，国务院总理温家宝在 2004 年 12 月召开的中央经济工作会议上明确提出，要下决心合理调整国民收入分配格局，实行工业反哺农业，

城市支持农村的方针。

回顾过去几年，从中央到各地，围绕农民增收这一主题，通过一系列强有力的政策措施，直接给农民以实惠。

各地种粮农民首次享受到直接补贴的好处，2004 年全国共安排粮食直补资金 116 亿元；全面放开了主产区的粮食购销和价格，在全国范围内形成了粮食购销市场化和经营主体多元化的格局；明确将部分土地出让金用于农业土地开发；中央财政安排专项资金，对产粮大县实行转移支付等。

2004 年农民增收 6. 8%、粮食增产 9%之后，2004 年国家又出台了进一步促进粮食稳定增产、农民持续增收的政策，如加大农业税、农业特产税的减免力度，着力建立为农民减负的长效机制。

在这样的背景之下，“建设社会主义新农村”的提出，格外引人注目。中国人民大学农业与农村发展研究院院长温铁军认为，新农村的新，新在农村的发展能够体现科学发展观的要求，体现和谐社会的要求。随着工业化、城市化的发展，通过城市对农村的反哺，工业对农业的反哺，使农业得到可持续发展的基础，使农村社会能够实现和谐。

中国社会科学院农村发展研究所所长张晓山概括说，建设社会主义新农村，在经济上就要促进农村产业结构的调整，来提高农村产业的竞争力，提高务农劳动者的收入。在社会事业、文化事业等方面可以通过国家对国民收入分配格局的调整来实现。

不久前，记者在陕西延安的羊泉镇东里村采访时，村民徐建红说：“过去做饭满窑烟，如今生火拧开关。这多亏有了沼气池!”他家的猪圈，猪粪全流进沼气池，一点也不臭。旁边的厕所，以前来个人都没下脚的地方，现在改成水冲的，干净多了。

农业部的统计显示，全国已有 1 540万农户用上了沼气。以沼气等新能源为代表的一批生态项目，如今在各地农村积极推进。山东、浙江等省提出要以“生态立省”，在农村大力发展沼气等可再生能源。在河北，从 2004 年起开始在全省农村广泛开展创建文明生态村活动，确定把“道路硬化、街院净化、村庄绿化”，改善农民居住环境作为主要抓手。

农业部农村经济研究中心主任柯炳生认为，社会主义新农村应包括新房舍、新设施、新环境、新农民、新风尚五方面：因地制宜地建设各具民族和地域风情的居住房，房屋建设要符合节约型社会要求；完善基础设施，道路、水电、广播、通讯、电信等配套设施要俱全；生态环境良好、生活环境优美，尤其在环境卫生处理能力上要体现出新的时代特征；新农民是指有理想、有文化、有道德、有纪律的“四有农民”；新风尚就是要移风易俗，提倡科学、文明、法治的生活观，加强农村的社会主义精神文明建设。

国家发展和改革委员会宏观经济研究院副院长王一鸣说，农村要想改变面貌，除了政府加大投入以外，也需要农村提高自身自我发展的能力，这样就必须提高农业的综合生产能力，特别是要提高农业的附加值、科技含量。他同时提醒，“新农村建设是一个历史过程，不能一哄而起。所以中央特别强调要尊重农民的意愿。”

浙江大学农业经济与管理系教授陆文聪认为，按照“民主管理”的原则建设社会主义新农村这一点非常重要。通过实行民主的社区管理，有利于调动农民的积极性，更好地参与当地的经济建设，从而促进区域经济的发展，带动全国经济的发展。

如何落实中央精神并转化为具体政策，是今后的重点所在。概括一些经济学家的观点，国家应重点加大五方面的扶持力度：一是建设包括道路交通、信息网络在内的农村基础设施，二是治理和保护农村自然环境，三是重点发展医疗、养老等农民社会保障体系，四是支持农业生产，五是发展教育事业。

人们期望，有一套新的改革措施出台，形成一个合理的公共财政政策体系。今后几年内能使农业、农村与工业、城市及国民经济的其他方面协调发展，农民生活质量得到质的改善，农村建设上一个大台阶，并给相关行业带来新的发展机遇。

按照中央提出的“生产发展、生活宽裕、乡风文明、村容整洁、管理民主”的总体要求，结合农村发展实际，制定社会主义新农村建设示范村标准。

（1）产业发展。有1~2个支撑农民收入的支柱产业；农村合作经济组织农户参合率达到50%以上。

（2）生产条件。人均有0.5亩（1亩≈667平方米。全书同）以上能排能灌的基本农田；农业耕种收机械化水平每年提高2%以上。

（3）收入水平。农民人均纯收入都市经济发达圈、渝西经济走廊、三峡库区生态经济区（含渝东南地区）分别达到7 000元、6 000元、5 000元以上；80%以上农户有较稳定的增收来源。

（4）人居环境。户户通电、通自来水、通电视；相对集中的居民点有一个晾晒休闲的院落和垃圾处理点；农户有单独卫生

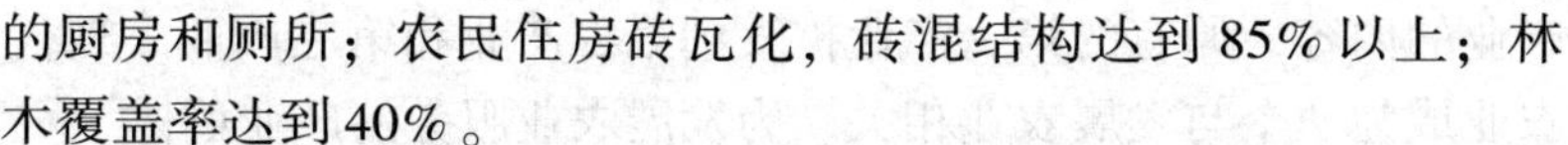

的厨房和厕所；农民住房砖瓦化，砖混结构达到85%以上；林木覆盖率达到40%。

(5) 农民素质。实现高质量“普九”；未继续升学的中学生培训率80%以上。

(6) 农村道路。通村公路油化或硬化；主要生产、生活道路硬化（含石板路）。

(7) 社会事业。有“一校三室一园”，即：建好村小学、有办公室、卫生室、文化活动室、“五保家园”；计划生育率达到95%以上。

(8) 农村社保。农村新型合作医疗参合率达到85%以上；建立农村养老保险和最低生活保障制度，应保尽保；五保户集中供养率达到90%以上。

(9) 文明风尚。有村规民约；无重大刑事案件、无重大安全事故、无群体性事件；村民对治安状况满意率达到95%以上。

(10) 民主政治。村“两委”班子和谐；村级公益事业实行“一事一议”民主决策；设有公开栏，实行党务、村务、政务、财务“四公开”；村民对村“两委”班子的满意率达到85%以上。

二、现代农业

何谓现代农业？我国原国家科学技术委员会发布的中国农业科学技术政策，对现代农业的内涵分为三个领域来表述：产前领域，包括农业机械、化肥、水利、农药、地膜等领域；产中领域，包括种植业（含种子产业）、林业、畜牧业（含饲料生产）和水产业；产后领域，包括农产品产后加工、储藏、运输、营销及进出口贸易技术等。从上述界定可以看出，现代农业不再局限于传统的种植业、养殖业等农业部门，而是包括了生产资料工业、食品加工业等第二产业和交通运输、技术和信息服务等第三产业的内容，原有的第一产业扩大到第二产业和第三产业。现代农业成为一个与发展农业相关、为发展农业服务的产业群体。

现代农业的主要特征：

第一，具备较高的综合生产率，包括较高的土地产出率和劳动生产率。农业成为一个有较高经济效益和市场竞争力的产业，这是衡量现代农业发展水平的最重要标志。

第二，农业成为可持续发展产业。农业发展本身是可持续的，而且具有良好的区域生态环境。广泛采用生态农业、有机农业、绿色农业等生产技术和生产模式，实现淡水、土地等农业资源的可持续利用，达到区域生态的良性循环，农业本身成为一个良好的可循环的生态系统。

第三，农业成为高度商业化的产业。农业主要为市场而生产，具有很高的商品率，通过市场机制来配置资源。商业化是以市场体系为基础的，现代农业要求建立非常完善的市场体系，包括农产品现代流通体系。离开了发达的市场体系，就不可能有真正的现代农业。农业现代化水平较高的国家，农产品商品率一般都在90%以上，有的产业商品率可达到100%。

第四，实现农业生产物质条件的现代化。以比较完善的生产条件，基础设施和现代化的物质装备为基础，集约化、高效率地使用各种现代生产投入要素，包括水、电力、农膜、肥料、农药、良种、农业机械等物质投入和农业劳动力投入，从而达到提高农业生产率的目的。

第五，实现农业科学技术的现代化。广泛采用先进适用的农业科学技术、生物技术和生产模式，改善农产品的品质、降低生产成本，以适应市场对农产品需求优质化、多样化、标准化的发展趋势。现代农业的发展过程，实质上是先进科学技术在农业领域广泛应用的过程，是用现代科技改造传统农业的过程。

第六，实现管理方式的现代化。广泛采用先进的经营方式，管理技术和管理手段，从农业生产的产前、产中、产后形成比较完整的紧密联系、有机衔接的产业链条，具有很高的组织化程度。有相对稳定、高效的农产品销售和加工转化渠道，有高效率的把分散的农民组织起来的组织体系，有高效率的现代农业管理体系。

第七，实现农民素质的现代化。具有较高素质的农业经营管理人才和劳动力，是建设现代农业的前提条件，也是现代农业的突出特征。

第八，实现生产的规模化、专业化、区域化。通过实现农业生产经营的规模化、专业化、区域化，降低公共成本和外部成本，提高农业的效益和竞争力。

第九，建立与现代农业相适应的政府宏观调控机制。建立完善的农业支持保护体系，包括法律体系和政策体系。

在中国建设现代农业过程中，由于各地农业生态类型、自然资源条件和社会条件的差异，因而在现代农业的建设和运作上，各地有着不同的探索。下面简要归纳各地在探索建设现代农业的四种运行模式。

1. 外向型创汇农业模式

外向型创汇农业的模式，是指利用沿海地区的区域优势，采取相应政策吸收扶持龙头企业，重点发展优质种苗、特色蔬菜、优质花卉、名优水果、优质家禽和特种水产等资金和技术密集型农产品生产。生产和加工优质农产品出口，带动区域经济发展和农民增收。

2. 龙头企业带动型的现代农业开发模式

龙头企业带动型的现代农业开发模式，是指由龙头企业作为现代农业开发和经营主体，本着“自愿、有偿、规范、有序”的原则，采用“公司+基地+农户”的产业化组织形式，向农民租赁土地使用权，将大量分散在千家万户中农民的土地纳入到企业的经营开发活动中。这种由龙头企业建立生产基地，在基地进行农业科技成果推广和产业化开发的运行模式，称为龙头企业带动型的现代农业开发模式。

3. 农业科技园的运行模式

农业科技园的运行模式，是指由政府、集体经济组织、民营企业、农户、外商投资兴建，以企业化的方式进行运作，以农业科研、教育和技术推广单位作为技术依托，引进国内外高新技术和资金、各种设施，集成现有的农业科技成果，对现代农业技术和新品种、新设施进行试验和示范，形成高效农业园区的开发基地、中试基地、生产基地，以此推动农业综合开发和现代农业建设的运行模式。

4. 山地园艺型农业模式

山地园艺型农业是立体型、多层次、集约化的复合农业，在充分考虑市场条件和资源优势的基础上，确定适宜当地发展水平的产业和项目，引进先进的技术成果与传统技术组装配套，待引进技术和品种试验成熟后，采取各种有效措施在当地推广。这是我国的一些山区在发展水果产业，促进农民增收的实践上总结出来的山地园艺型农业模式。

现代农业的基本类型：

一是绿色农业，将农业与环境协调起来，促进可持续发展，增加农户收入，保护环境，同时保证农产品安全性的农业。“绿色农业”是灵活利用生态环境的物质循环系统，实践农药安全管理技术（IPM）、营养物综合管理技术（INM）、生物学技术和轮耕技术等，从而保护农业环境的一种整体性概念。绿色农业大体上分为有机农业和低投入农业。

二是物理农业，物理农业是物理技术和农业生产的有机结合，是利用具有生物效应的电、磁、声、光、热、核等物理因子操控动、植物的生长发育及其生活环境，促使传统农业逐步摆脱对化学肥料、化学农药、抗生素等化学品的依赖以及自然环境的束缚，最终获取高产、优质、无毒农产品的环境调控型农业。物理农业的产业性质是由物理植保技术、物理增产技术所能拉动的机械电子建材等产业以及它所能为社会提供食品安全的源头农产品两个方面决定的。物理农业属于高投入、高产出的设备型、设施型、工艺型的农业产业，是一个新的生产技术体系。它要求技术、设备、动、植物三者高度相关，并以生物物理因子作为操控对象，最大限度地提高产量和杜绝使用农药和其他有害于人类的化学品。物理农业的核心是环境安全型农业，即环境安全型温室、环境安全型畜禽舍、环境安全型菇房。

三是休闲农业，游客不仅可以观光、采果、体验农作、了解农民生活、享受乡间情趣，而且可以住宿、度假、游乐。休闲农业的基本概念是利用农村的设备与空间、农业生产场地、农业自然环境、农业人文资源等，经过规划设计，以发挥农业与农村休闲旅游功能，提升旅游品质，并提高农民收入，促进农村发展的一种新型农业。

2013 年 3 月 26 日，全国休闲农业与乡村旅游现场交流会在南昌举行，农业部乡镇企业局局长张天佐介绍，休闲农业与乡村旅游的发展拓展了农业功能，提高了农业综合效益，正成为繁荣农业农村经济，促进农民就业增收，拉动国内消费和推动城乡经济社会一体化发展的重要途径。

截至 2012 年年底，我国共有 8.5 万个村开展了休闲农业与乡村旅游活动，休闲农业与乡村旅游经营主体达到 170 万家，其中，农家乐 150 万家；从业人员 2 800万，占全国农村劳动力的 6.9%；年接待游客 8 亿人（次），实现营业收入超过 2 400亿元。根据农业部对全国 13.5 万家典型休闲农业经营主体的调查，农民占其从业人员的 92.4%，其土地产出率每亩接近 12 000元，是全国农业用地平均产出率的 6.2 倍，经营休闲农业的农民人均产值 5. 41 万元，是同期全国农业劳动力人均产值的 2. 75 倍。

观光农业和休闲农业其实都是“舶来品”，意义相同，与此相关的有，观光休闲农业、体验农业、观赏农业、旅游生态农业，是一种以农业和农村、农业产业园为载体的新型生态旅游业。农民或企业利用当地有利的自然条件开辟活动场所，提供设施，招揽游客，以增加收入。旅游活动内容除了游览风景外，还有林间狩猎、水面垂钓、采摘果实等农事活动。有的国家以此作为农业综合发展的一项措施。

四是工厂化农业，工厂化是设计农业的高级层次。综合运用现代高科技、新设备和管理方法而发展起来的一种全面机械化、自动化技术（资金）高度密集型生产，能够在人工创造的环境中进行全过程的连续作业，从而摆脱自然界的制约。

五是特色农业，特色农业就是将区域内独特的农业资源（地理、气候、资源、产业基础）、开发区域内特有的名优产品，转化为特色商品的现代农业。特色农业的“特色”在于其产品能够得到消费者的青睐和倾慕，在本地市场上具有不可替代的地位，在外地市场上具有绝对优势，在国际市场上具有相对优势甚至绝对优势。

六是立体农业，着重于开发利用垂直空间资源的一种农业形式。立体农业的模式是以立体农业定义为出发点，合理利用自然资源、生物资源和人类生产技能，实现由物种、层次、能量循环、物质转化和技术等要素组成的立体模式的优化。

七是订单农业，订单农业又称合同农业、契约农业，是 20 世纪 90 年代后出现的一种新型农业生产经营模式。所谓订单农业，是指农户根据其本身或其所在的乡村组织同农产品的购买者之间所签订的订单，组织安排农产品生产的一种农业产销模式。订单农业很好地适应了市场需要，避免了盲目生产。

三、职业农民

职业农民是将农业作为产业进行经营，并充分利用市场机制和规则来获取报酬，以期实现利润最大化的理性经济人。职业农民是一个特定的概念，隐含三个前提条件：一是必须从事农业生产和经营；二是必须以获取经济利润为目的；三是必须作为一种独立的职业。

2005 年年底，农业部在《关于实施农村实用人才培养“百万中专生计划”的意见》中首次提出培养职业农民。该文件指出，农村实用人才培养“百万中专生计划”的培养对象是：农村劳动力中具有初中（或相当于初中）及以上文化程度，从事农业生产、经营、服务以及农村经济社会发展等领域的职业农民。2006 年年初，农业部进一步提出招收 10 万名具有初中以上文化程度，从事农业生产、经营、服务以及农村经济社会发展等领域的职业农民，把他们培养成有文化、懂技术、会经营的农村专业人才。2007 年 1 月，《中共中央国务院关于积极发展现代农业扎实推进社会主义新农村建设的若干意见》首次正式提出培养“有文化、懂技术、会经营”的新型农民。2007 年 10 月，新型农民的培养问题写进党的“十七大”报告。职业农民、新型农民等概念的提出是当前新农村建设理论和实践领域的重大创新。新型农民与职业农民的内涵既有区别，也有联系。新型农民是从宏观上提出来的一个概念，强调的是一种身份，而不是一种职业，泛指从事现代农业的农民；而职业农民范围较小，主要是从事农业生产和经营，以获取商业利润为目的的独立群体，是对一种职业的称谓，总的来说，职业农民是新型农民的一个范畴。

秋收过后，黑龙江省绥化市兰西县光辉水稻种植专业合作社理事长邹晓辉比以往更忙了。2014 年，合作社种了 3 万亩有机水稻，与 2013 年相比，每亩增产约 25 千克。

邹晓辉拿出自己的全部积蓄，成立了“光辉水稻专业合作社”，走上“职业农民”之路。创业之初，他先是统一赊销种子化肥，秋收后再以每千克高于市价一角钱的价格回收，吸引了周围500多农户加入合作社，水田面积一下突破8 000亩。后来，合作社生产的品牌大米通过了国家质检总局“QS质量认证”和国家有机米认证中心认证，颇受消费者欢迎。为了突破产能瓶颈，邹晓辉最近多方筹措资金，注册成立了水稻精深加工公司，在市场上力推自主品牌。现在，邹晓辉的大米成了抢手货，北京、上海、广州等地粮商纷纷与他签下大米收购订单。

作为耕地面积达2 800余万亩的农业大市，绥化市曾经面临农业生产效益低、务农劳动力素质下降、农民种地积极性不高等难题困扰。

怎么办？近年来，绥化市总结探索了“农业企业+合作社+农户”“农业企业+种植大户（家庭农场）+农户”“村集体+合作社+农户”等经营模式，同时，加速培育像邹晓辉一样，有文化、懂技术、会经营的新型职业农民。

绥化市望奎县通江镇种粮大户张亮，2014年注册成立了凤祥家庭农场。附近村屯的370户农民把9 740亩地入股他家的家庭农场，每公顷地保底收入7 500元，多出的收益他与入股农户再次分配，实行四六分成。

目前，绥化市新型农业经营主体达到5.5万余个，带动土地流转1 739万亩，占耕地面积的60.6%；实现200亩以上土地规模经营总面积1 877万亩，占耕地面积的65.36%。而新型职业农民则已成为这些新型农业经营主体的主力军。

绥化市各地对新型农业经营主体普遍实施激励性政策，如肇东市探索出了“农金”“联保”“助业”“双结合”“合作”5种农业信贷模式，兰西县制定出台了《农村土地经营权抵押贷款管理办法》，庆安县成立了农村土地经营权流转服务中心，海伦市把新增农业政策性项目资金重点向专业合作社、家庭农场、种粮大户倾斜，从提高“职业农民”造血功能出发，不断探索“接地气”的职业农民培育方法。

“以家庭承包为基础、以合作农业为载体、以规模经营为前提、以大农机大水利大科技为核心内容的现代化大农业，是对家庭经营责任制的改革深化和发展升级，新型职业农民也将成为现代化大农业的主力军。”

四、职业农民创新创业

2015年3月30日，国家农业部下发《关于加强农民创新创业服务工作促进农民就业增收的意见》，意见明确指出“农民是新常态、新阶段背景下推动‘大众创业、万众创新’中人数最多、潜力最大、需求最旺的重要群体。改革开放以来，我国农民创新创业蓬勃兴旺，不断为发展现代农业、壮大第二、第三产业、建设新农村和推进城乡一体化作出贡献，涌现出一大批卓有建树的企业家和懂经营、善管理、素质高、沉得下、留得住的农民创新创业骨干队伍”，“加强农民创新创业服务工作，有利于以创新引领创业、以创业带动就业，吸引各种资源要素和人气向农村聚集，培植农产品加工业、休闲农业和农村第二、第三产业新增长点；有利于构建现代农业产业体系、生产体系和经营体系，推动农村第一、第二、第三产业融合发展，促进农民就业增收；有利于筑牢新农村和小城镇产业支撑，促进城乡发展一体化，推动稳增长、调结构、促改革、惠民生。”

第一章　职业农民创新创业概况

第一节　职业农民的特征和特点

什么是新型职业农民？很多人并不是很清楚，尤其是许多农民朋友。经常有农民问：我们祖祖辈辈都是农民，为什么还算不上职业农民？其实这个道理很简单：许多农村妇女天天做饭，你能算是职业厨师吗？当然不能。你是农民，但你不一定是职业农民。新型职业农民有其不同于普通农民的一些独有的五大特征。

一、农业技术水平高

职业农民的农业科技水平必须明显高于普通农民。他不仅对新品种和新的栽培技术有一定的了解和掌握，而且生产出来的农产品在数量和质量上优于一般农民。其实，往往在农产品的生产过程中就能让人感到他与众不同，看出他确实是一个“把式”。我们许多人可能天天打乒乓球，但我们只能算是业余的，因为我们的水平与职业球员有明显差距。所谓职业运动员，其球技肯定要高于我们普通人。所以，作为职业农民其科技水平必须明显高于普通农民。

二、收入的绝大部分来自农业

现在我们很多农民都是兼业化的农民，既从事农业生产，同时还打工、开小商店、经营饭馆以及家庭作坊式的农产品加工等等。衡量一个农民是不是职业农民的另一个指标就是看他的收入是否绝大部分来自农业。所谓绝大部分来自农业，一般指 80% 以上的收入来自农业。如果农业收入只占其收入的一小部分，那他就不能算是职业农民。

三、绝大部分时间从事农业生产

之所以家庭主妇天天做饭却不能算是职业厨师，就是因为她们做饭的时间只占她们工作时间的一小部分，而职业厨师每天的绝大部分工作时间都在做饭。如果一个农民每年在农业生产中投入的时间较少，自然就不能算是职业农民。所谓绝大部分时间从事农业生产，一般认为其投入到农业生产的时间占其总工作时间的 80% 以上。

四、经营规模较大

一般农民之所以不能叫职业农民，另一个重要原因就是他们的经营规模较小，一般都在 1 公顷（15 亩）地左右，甚至更小。职业农民的经营规模一般在 7 公顷（100 亩）以上。为什么是这么大的规模？因为只有这么大的规模，即使是种植效益较低的粮食作物，其获得的平均利润也会与农民工的收入、甚至与市民的收入持平。如果职业农民的收入普遍低于农民工或市民的收入，那么就不会有人选择农民这个职业。农村的农民迟早会跑光的。所以，社会必须让农民这个职业与其他职业获得基本相等的收入。

五、主要依靠自己劳动

如果一个煤老板将其一部分资金投资投到农业领域，经营规模很大，他也雇佣了高水平的农业技术人员，他的主要精力也用来经营农业，他能算职业农民吗？笔者认为他不能算是职业农民，他只能算是一个企业家，一个经营农业的企业家。因为他主

要从事企业管理，而没有直接参加农业劳动。就如同房地产老板不能叫建筑师，足球俱乐部的老板不能叫职业球员一样。而他雇佣的全职农业技术人员则是职业农民。

新型职业农民首先是农民，从职业意义上看，所谓农民是指长期居住在农村社区，并以土地等农业生产资料长期从事农业生产的劳动者。农民要符合以下4个条件：①占有（或长期使用）一定数量的生产性耕地。②大部分时间从事农业劳动。③经济收入主要来源于农业生产和农业经营。④长期居住在农村社区。

与传统农民、兼业农民不同，新型职业农民除了符合农民的一般条件，还必须具备以下3个特点：①新型职业农民是市场主体。传统农民主要追求维持生计，而新型职业农民则充分地进入市场，并利用一切可能的选择使报酬最大化，一般具有较高的收入。②新型职业农民具有高度的稳定性，把务农作为终身职业，而且后继有人。稳定性是农业特点对从业者的基本要求，以区别于对农业的短期行为。③新型职业农民具有高度的社会责任感和现代观念，新型职业农民不仅有文化、懂技术、会经营，还要求其行为对生态、环境、社会和后人承担责任。

总体来说，新型职业农民的主要特征有以下6个方面：

（1）新型职业农民是市场主体。

（2）全职务农，把务农作为终身职业。

（3）具有高度的社会责任感和现代观念，有文化、懂技术、会经营，对生态、环境、社会和后人承担责任。

（4）具有“能创业”的特点。

（5）具备较大经营规模，具有较高收入。

（6）具有较高的社会地位，受到社会的尊重。

总之，新型职业农民是工业化时代出现的一种新型职业群体，是农业内部分工和产业结构调整的必然结果。现代职业农民，是指将农业作为产业进行经营，并充分利用市场机制和规则来获取报酬，以期实现利润最大化的理性经济人。现代职业农民的涌现，改变了传统农业一家一户分散经营模式，有利于机械化作业，降低生产成本，提高生产效率，使农业生产经营规模化、标准化、品牌化成为可能，代表了现代农业发展的方向。

新型职业农民是集经营管理、生产示范、技术服务为一体的新一代农业管理者和经营者，体现了三大基本特征。首先，以农业作为终身职业。职业农民更加专注于农业生产，也将其作为实现自己人生价值的方式。这也使得现代职业农民比传统农民更加专注于研究农业生产和经营，更加凸显专业化。其次，现代职业农民是具有一定职业素质和技能的新一代农民。应当是“有文化、懂技术、会经营”的新型农民。“有文化”，即具备现代农业知识，具有“现代农业”的观念和市场意识，有一定的知识层次，遵纪守法。“懂技术”，即具有较高的科学素养，掌握先进的生产技术和技能，适应现代农业发展的要求。“会经营”，即具有一定的经营和管理能力，能够合理组织配置人、财、物、信息以及土地等资源，掌握成熟的经营模式，具有敏锐的市场洞察力。最后，在新形势下，现代职业农民还应具有“能创业”的特点，即具有开拓创新精神，能运用丰富的实践经验，根据本地的自然规律和特点进行创业创新，带动当地农民致富。

第二节　职业农民创新创业意识培养

目前，农民创新创业普遍存在以下问题：一是创业意识不强，创业勇气欠缺。部分农民存在着观念陈旧、创业意识较差等问题，存在着“安于现状，不求改变”的心态，怕失败、怕亏本、小富即安、小成即满的传统观念还比较普遍，缺乏闯世界、创事业的意识和勇气。

二是综合素质偏低，创业技能不高。农民创业创新能力不

强，农民整体素质偏低，真正有文化、懂经营、会管理的新型农民还不多。具体表现在文化较低、技能缺乏，且农民自身技能培训意识也不强，谋求一技之长的积极性、主动性不高。同时农民对创业、市场信息接受能力不强，因此面向农民开展的创业培训和信息服务的针对性和实效性还需进一步加强。

三是融资渠道狭窄，创业资金缺乏。农民创业融资渠道来源主要有自身积累、借贷筹集、银行贷款三种，融资渠道相当狭窄。从目前情况看，农民从事第一产业的种植、养殖业一般需要资金5万元左右，从事第二产业的建筑业等一般需要资金10万元左右，从事第三产业的批发零售、交通运输等也需要资金几万元到数十万元。农民创业的资金缺口一般在40%～70%。由于农村金融发展改革滞后，农民融资困难，导致许多农民的创业创新理想无法实现。

四是示范作用不大，创业带动有限。从目前的情况来看，一些产业仅为单个重点企业支撑，产业链条短，集群发展水平低，加上相当一部分企业规模小，自身抗风险能力不强，难以形成对当地农民创业创新大规模持续有效的带动。“企业＋基地＋农户”的机制也比较松散，风险共担、利益共享的产业化机制尚未真正建立，影响了农民特别是种植、养殖大户的发展。农民专业合作组织虽然数量多，但大部分合作社实力不强，规模小、发展水平不高，服务层次偏低，市场竞争力弱，对农户的带动力有限。

农民的根本出路在于提高创业创新能力。以开展农民培训为抓手，通过多渠道转移农民、多举措推动农民创业的途径，提高他们的生产生活水平，这是经济发展的必然趋势，是社会进步的助推器，是不可阻挡和无法改变的大方向。

一、立足农村实际，努力开拓农民创业新途径

我们要从过去主要引导农民在第二、第三产业领域创业，向第一、第二、第三产业各个领域全面创业转变，特别是要大力引导农民、农村各类人才、工商企业积极参与现代农业领域创业。要以深化“三强”工程等为有效载体，做大做强农业特色产业，争取在现代农业经营主体培育、标准化生产和品牌建设、农产品深加工、适度规模经营、农业基础设施改善等方面取得新的突破。要做大、做强、做精农业特色优势主导产业，扩大地域特色产业的市场优势和规模效益。进一步挖掘现代农业生产、生态、文化、休闲等多种功能，大力发展农产品精深加工业、生态养殖业和休闲观光农业，促进农业产品结构、区域结构和产业结构的优化。要鼓励农民自主创业，让更多的农民成为创业者，拥有创业收入和财产性收入。

二、创新载体，努力提高农民创业新本领

是否具有较强的创业创新本领，直接决定着农民干事创业的成败，决定着农民能否转得快、转得好、转得稳。要按照“使走出去的农民有较强的务工技能，留下来的农民能掌握先进实用的农业技术，搞创业的农民掌握一定的经营管理知识”的要求，进一步整合培训资源，深入实施“农村劳动力素质培训工程”和“农村两创实用人才培训工程”。要扎实开展农村预备劳动力培训，重点培训种养能手、科技带头人、农村经纪人、专业合作组织领办人和“农家乐”经营管理人员等一批农村实用人才，把一批有技术和经营特长的农村能人培育成为新的创业者。

一是积极推动培训资源整合。要改变多头、分散、重复、低层次、低效能的培训方式，大力实施培训资源整合工作机制，进一步健全统一协调、分工负责、相互协作的运作机制，拓宽培训

资金筹集渠道，健全多元化投入机制，不断提高农民培训资金投入。

二是完善农村教育培训网络。要充分发挥农村中小学校、职业学校、成人学校和农村党员干部现代远程教育系统等教育培训资源在农村实用人才培训中的主渠道作用，积极利用村级组织活动场所开办农民夜校、开展农业实用技术讲座和文化知识培训，培养农村实用人才。进一步建立健全以农民培训专业网站为中心基地、农民培训学校为主体培训基地、乡镇农村两创实用人才培训学校为辅助培训基地、村级新型农民培训学校为补充的县、乡、村三级农民教育培训网络。

三是创新模式开展农民培训。以农业专业技术培训、新型农民培训、农村劳动力转移职业技能培训、农村实用人才培训四大培训工程为抓手，开展全方位、多层次农村劳动力素质培训，全力培育各类农村实用人才。不断创新农民培训方式、方法，积极采取集中培训、专家辅导、基地实践、导师帮扶、观摩学习、经验介绍、知识竞赛、技能比武、赴外培训等方式，有效提高农民创业创新能力。

四是努力提升农民专家品牌。进一步强化品牌创优工作，着力推进“新型农民专家”品牌创建，努力加强新型农民专家队伍建设。着重抓好扶持政策制定、异地组团开发组织建设和政府合作交流机制完善等工作，让异地开发的农民更好地利用异地资源创业增收。

五是加快培育多元化新型主体。坚持内部提高、外部引入并举，在积极培训现有农民的同时，鼓励和支持大中专院校毕业生、外出务工返乡农民、城镇居民投资创办农业实体或家庭农场。多渠道培育发展农民专业合作社，提高农业生产和农民组织化程度。大力培育农业龙头企业，积极引导工商资本、民营企业投资开发农业，逐步形成以企业为龙头、合作社为骨干、专业农民为基础、社会力量共同参与的新型农业生产经营队伍。强化合作社、龙头企业负责人培训，多层次开展龙头企业与合作社、基地对接活动，促进农业跨区域合作。加强农产品营销服务，积极培育省农博会和网上农博会品牌，搭建农产品产销对接平台。

三、降低门槛，不断拓宽农民创业融资新渠道

要在现有农民创业融资渠道的基础上，进一步降低金融机构对农民创业信贷的门槛。金融部门要深入实际，积极开展调研，研究农民创业信贷过程中出现的新情况、新问题，推出适合农民创业的信贷种类，满足农民创业信贷需求。

一是要创新贷款方式，改进信贷服务。探索引进商业超市管理模式，把贷前调查、贷款审批、贷款授信、合同签订等手续全部提前处理就绪，使农户只要用资金时凭农户信用贷款证及身份证在柜台就可领到贷款，缩短农户办贷时间，切实提高办贷效率。

二是加强信用环境整治，推进信用工程。整顿社会信用环境，培育全社会的信用理念，树立诚实守信的信用观念，严厉打击恶意逃、废银行债务及拖欠账款等行为。加大依法收贷力度，以纠正恶意逃、废、赖债风，维护农村合作金融机构债权。建立农户和小企业的违约通报机制，对信用缺失的个人和企业在一定的范围内及时发出通报。开展“信用乡（镇）”、“信用村”、“信用户”的评选工作，创新信用工程实施机制，促进城乡信用工程建设。

三是拓宽担保范围，探索农户担保新模式。要积极寻求合法有效的途径，化解农户贷款担保难问题，破解农户融资的“瓶颈”。努力探索农民住房、宅基地抵押贷款的新模式。继续开展林权抵押贷款，积极推行农户联保贷款，充分发挥农信担保公司的作用，帮助符合国家政策导向、有发展前景的小企业和农户解

决贷款担保难问题。

四、多管齐下，努力优化农民创业新环境

一是提高农民创业创新保障水平。农业是个弱质产业，抗自然风险和市场风险的能力较差。同样，农民创业也有其局限性，需加强农民创业的保障水平。首先，要积极开展政策性农业保险。要通过政策性农业保险的开展，为农民创业系上一根“保险带”，避免农民因自然灾害而出现“长期创业、一朝返贫”。其次，要积极探索将农民创业人员纳入社会保障范畴，加大失业保险、工伤保险和医疗保险力度。最后，要把农民创业人员纳入就业扶持政策的实施范围，并对农村劳动力自主创业给予小额贷款贴息和税费减免等优惠措施。

二是制定完善农民创业创新扶持政策。探索建立创业农民养老保险制度，解决创业农民老有所养问题，逐步形成城乡一体化养老保险格局。加大对农民创业的资金扶持力度，建立健全创业农民兴办实体项目库，实行财政“以奖代补”的政策。国土、规划等部门要在城乡总体规划和用地规划中同步考虑农民创业用地，制定完善一系列优惠政策，积极鼓励农民创业。要在就业、子女入学、社会保障等方面与城镇居民享有同等的待遇，让进城创业农民安心在城里工作，从根本上解除后顾之忧。同时，要制定出台扶持农民创业创新的相关政策，扶持农业种养销大户、农民专业合作社、农业龙头企业做大做强，进一步增强其带动能力，提高农民组织化程度。鼓励有条件的特色农产品注册证明商标和原产地标识，推动品牌整合，加强名牌农产品保护。大力推广“龙头企业 + 合作社 + 专业农户”的组织体系和运行模式，规范订单农业发展，完善产业化利益联结机制。

三是构建农民创业服务平台。实行区域性、专业化管理与服务，切实保障外出农民创业的合法权益。加强创业信息服务。要切实加强与省、市以及相关县、市的联系与沟通，强化对农民创业信息的收集、整理及编发，形成创业信息收集的系统化、流程化。用好用足现有的信息平台，加强对云和农民培训网、远程教育、农民信箱使用维护的检查监督，使来之不易的信息平台能真正发挥服务农民的作用。

五、加大宣传，切实转变农民创业新观念

充分利用各种宣传媒体和多种方式，采取各种生动活泼、群众喜闻乐见的方式，教育和引导农民转变陈旧观念，破除“安贫乐道”的陈旧思想，克服“怕吃苦、不敢闯、不敢干”的畏难情绪和思想束缚，激发农民群众主动学习技术，敢于走出家门去创造幸福生活的强烈愿望。要及时表彰树立典型榜样。要设立“人才发展专项基金”，重点用于优秀人才科研工作、生活补助和对有突出贡献或创造显著经济社会效益的人才奖励，每年评选一批优秀拔尖人才进行表彰奖励。大力宣传全县农民创业创新致富的鲜活事例，营造创业齐动手、创新勇争先的浓厚社会氛围，形成人人踊跃创新、家家创业致富的良好局面。

六、通过加大培训投入和力度，引导农民创新创业意识的培养和实施

第三节　职业农民创新创业支持政策

一、政府方面的优惠政策

为了鼓励广大农民朋友创业，从 2005 年 6 月起，我国各级各地政府相继出台了一批优惠政策和优惠措施。尽管各地的优惠条件不完全一致，但基本的优惠一般表现在下面 5 个方面。

（一）完善相关法规

主要有税收、信贷、办事等方面的各种优惠政策，鼓励承包地依法流转等。例如，河北省就出台规定，对除从事国家法律法规明令禁止的行业以及涉及人身健康、公共安全、环境资源保护等行业外的农村流动性小商贩和农民在集贸市场或地方人民政府指定区域内销售自产农副产品，免于工商登记和收取各项工商行政管理费。对农民创业发展特色农业、农产品加工业和非农业生产的，除经主管税务机关或有关主管机关按照有关规定审查批准，减征、免征所得税有关税费外，政府有关部门应当给予适当补贴。

（二）转变办事作风，提高办事效率

主要是简化办理手续，集中办公，一条龙服务，限时办结等，例如，各地差不多都已经普及行政服务大厅、首问制、对口扶持、限定几个工作日办结等。

（三）营造平等环境

主要是取消原来实际上存在对农民的不平等，甚至是歧视。不仅如此，对农民创新创业甚至比对大学生创新创业帮扶力度还大，这在2015年中央“一号文件”中都有体现。

（四）经济上直接扶持

主要是清理、取消某些不合理的收费或者违规收费，提供无息或者贴息贷款，看情况给创业的农民一定的奖励等。

（五）动员全社会提供各种帮助

主要是通过政府层面进行呼吁、宣传和鼓励，发动各个单位都来帮助农民和理解农民、尊重农民，为农民创新创业提供便利和帮助等。

上述措施，各地的实施情况可能有些不同，但总体上几乎已经涉及创新创业的各个方面，而且始终处于不断完善之中。农民朋友如果再创业中遇到什么特殊问题，首先应大胆向当地政府部门求助。

二、贷款的申请和优惠政策

目前，农业银行和农村信用社对农民主要开办了生产周转贷款、生产设备贷款、预购定金贷款、开放性生产贷款、生活贷款等种类；形式上则有担保贷款、抵押贷款、扶持性小额贷款等几种；基本上以短期贷款为主，还款时间大概在一年以内。

农民可以根据自己选定的创业项目来确定不同的贷款品种。例如，从事种植、养殖、加工、销售、运输、服务、娱乐等行业，可以申请生产周期贷款；购买牲畜、农机具、农产品保存及物流等可申请1～3年的生产设备贷款。

申请贷款首先要向农业银行或者农村信用社提出书面申请。写明贷款用途、贷款金额、还款来源、还款时间、担保人或者单位、抵押品名称、家庭住址、营业地址、借款人身份证号等内容，并按照规定开立存款账号。

从事个体工商业、种植和养殖大户、开发性项目等的贷款户，还要找一位具备一定经济实力的单位或者个人进行担保。上述条件都符合后，农业银行或者信用社就进行贷款调查、论证、审查；确认合格，则双方签订合同，即可发放贷款。

由于贷款的商业性质，所以要求贷款户必须有一定数量的自由资金和可靠的还款资金来源，生产、经营必须符合国家政策的规定，产品符合社会的需求，有产销或者承包合同，经营效益好，接受银行或信用社的监督，实行专款专用等。

为了支持农民朋友创业，目前，各地基本上都出台了涉农优惠金融政策，例如，河北省就出台政策对农民创业给予金融扶持：涉农金融机构（包括农业发展银行、农业银行、农村信用社、邮政储蓄机构等），要把农民专业合作社作为农业信贷的重点之一，支持农民专业合作社搞好生产经营和季节性、临时性资

金需要。农村信用社应加快农民专业合作社及其社员的信用等级评定工作，根据信用等级评定给予授信额度，农民专业合作社及社员根据授信额度申请贷款。农民专业合作社及社员可以成立联保体，向农村信用社申请联保授信和联保贷款。农民专业合作社可以通过自有资产抵押形式申请贷款。农民专业合作社同时享受有关政府部门相关配套贴息政策的支持；农业担保公司要积极为农民专业合作社提供担保。积极支持建立农民专业合作社发展基金会，以多种形式支持农民专业合作社发展。

三、税收方面的优惠政策

国家发展和改革委员会等11个部门下发《关于印发西部地区农民创业促进工程试点工作指导意见的通知》（发改西部〔2011〕854号）明确，要加快实施农民创业促进工程，建设一批农民创业基地和创业园，以创业带动就业，并在“扶持政策”中强调“农民创业享受与其他创业者相同税收优惠政策”。

（一）开办商贸企业、服务型企业可享受的优惠政策

对商贸企业、服务型企业（除广告业、房屋中介、典当、桑拿、按摩、氧吧外）、劳动就业服务企业中的加工型企业和街道社区具有加工性质的小型企业实体，在新增加的岗位中，当年新招用持《就业创业证》（注明“企业吸纳税收政策”）人员，与其签订1年以上期限劳动合同并依法缴纳社会保险费的，在3年内按实际招用人数予以定额依次扣减营业税、城市维护建设税、教育费附加和企业所得税优惠。定额标准为每人每年4 000元，可上下浮动20%，由各省、自治区、直辖市人民政府根据本地区实际情况在此幅度内确定具体定额标准，并报财政部和国家税务总局备案。

按上述标准计算的税收扣减额应在企业当年实际应缴纳的营业税、城市维护建设税、教育费附加和企业所得税税额中扣减，

当年扣减不足的，不得结转下年使用。这里所说的服务型企业，是指从事现行营业税暂行条例中“服务业”税目规定经营活动的企业。

（二）从事个体经营的税收优惠政策

对持《就业创业证》（注明“自主创业税收政策”）人员从事个体经营（除建筑业、娱乐业以及销售不动产、转让土地使用权、广告业、房屋中介、桑拿、按摩、网吧、氧吧外）的，在3年内按每户每年8 000元为限额依次扣减其当年实际应缴纳的营业税、城市维护建设税、教育费附加和个人所得税。这里所称持《就业失业登记证》人员，是指在人力资源和社会保障部门公共就业服务机构登记失业半年以上的人员或零就业家庭、享受城市居民最低生活保障家庭劳动年龄内的登记失业人员。

纳税人年度应缴纳税款小于上述扣减限额的，以其实际缴纳的税款为限；大于上述扣减限额的，应以上述扣减限额为限。

（三）股权投资可享受的优惠政策

国家税务总局《关于贯彻落实企业所得税法若干税收问题的通知》（国税函〔2010〕79号）对从事股权投资业务的企业业务招待费计算问题进行了明确，规定对从事股权投资业务的企业（包括集团公司总部、创业投资企业等），其从被投资企业所分配的股息、红利以及股权转让收入，可以按规定的比例计算业务招待费扣除限额。

《企业所得税法》规定，创业投资企业从事国家需要重点扶持和鼓励的创业投资，可以按投资额的一定比例抵扣应纳税所得额。即创业投资企业采取股权投资方式投资于未上市中小高新技术企业2年以上（含2年），符合一定条件的，可按其对中小高新技术企业投资额的70%抵扣该创业投资企业的应纳税所得额。

《企业所得税法实施条例》进一步明确，《企业所得税法》第三十一条所称抵扣应纳税所得额，是指创业投资企业采取股权

投资方式投资于未上市的中小高新技术企业2年以上的，可以按照其投资额的70%在股权持有满2年的当年抵扣该创业投资企业的应纳税所得额；当年不足抵扣的，可以在以后纳税年度结转抵扣。

这里的创业投资企业，是指在中华人民共和国境内设立的专门从事创业投资活动的企业或其他经济组织。

（四）科技创新创业企业可享受的优惠政策

财政部、国家税务总局《对中关村科技园区建设国家自主创新示范区有关职工教育经费税前扣除试点政策的通知》（财税〔2010〕82号）规定，2010年1月1日至2011年12月31日，对示范区内的科技创新创业企业发生的职工教育经费支出，不超过工资、薪金总额8%的部分，准予在计算应纳税所得额时扣除，超过部分，准予在以后纳税年度结转扣除。

对中关村科技园区建设国家自主创新示范区科技创新创业企业转化科技成果，以股份或出资比例等股权形式给予本企业相关技术人员的奖励，技术人员一次缴纳税款有困难的，经主管税务机关审核，可分期缴纳个人所得税，但最长不得超过5年。

四、工商行政管理方面的优惠政策

主要是简化办理手续、提高办事效率、适度规费减免等。例如，河北省工商局出台《关于进一步放宽市场主体准入门槛促进全民创业的若干意见》（以下简称《意见》），围绕降低准入门槛、放宽登记条件，对投资主体、注册资本、名称登记、经营场所登记等十八类企业或个人创业可能遇到的制约进行“松绑”。十八条举措的推出，降低了创业准入“门槛”，激发了创业者经营积极性。

（一）投资主体“零限制”

允许各种经济成分、各类民间资本自主投资创业。允许个人独资企业、合伙企业、农民专业合作社、有投资能力的村（居）委会作为投资人，设立公司制企业。

（二）注册资本认缴制

设立注册资本300万元以下的内资有限公司（一人有限公司除外），实行注册资本认缴制，首期出资可以为零，股东须在公司成立之日起6个月内缴付不低于注册资本20%的出资，且不低于法定注册资本最低限额。余额在公司成立之日起2年内缴清（投资类公司在5年内缴清）。

（三）放宽名称登记条件

适应市场主体名称个性化需求，允许企业根据需要自主选择名称中行政区划和字号、行业的前后顺序；允许已核准未登记的企业名称变更住所、登记机关、调整股东出资额及出资比例、增加股东和注册资本。

（四）放宽经营范围登记条件

企业可以根据需要自主选择经营范围，参照国民经济行业分类标准的门类、大类、中类、小类或者具体经营项目表述。

（五）放宽住所（经营场所）登记条件

除法律、法规对经营场所有特殊规定的行业外，对从事生产经营活动，确实无法提交产权证明的，提交土地使用证和建设工程规划许可证或者管委会、乡镇政府（街道办事处）、村（居）委会出具的相关证明，即可办理登记注册。允许“一址多照”。

（六）放宽省级企业登记条件

母公司注册资本达到1 000万元人民币、子公司数量达到3个、母子公司注册资本总额达到2 000万元人民币，可以申请设立冠“河北”行政区划的企业集团。

（七）放宽出资方式

允许以可评估作价并能依法转让的公司股权、合法债权、非专利技术、商标权、采矿权、探矿权、林权、水域滩涂使用权等

非货币资产作为企业出资。允许改制企业以评估后的净资产作价出资，不受货币出资金额不得低于有限公司注册资本 30% 的限制。

（八）放宽个体工商户免予登记范围

对个人从事无固定门店的修鞋、修自行车、修锁配钥匙、缝纫等便民行业，低保特困家庭和残疾人利用自有住房从事一般经营项目，在农村从事一般经营项目的流动商贩，免予办理营业执照。允许个体工商户一人多照。

（九）支持重点项目企业主体资格先行确认

对符合国家产业政策的重点项目，因筹建时间长、暂时无法取得企业登记前置审批文件、证件的，可按项目核发经营范围为“对某某项目的投资、开发、建设、管理”的营业执照。

（十）支持家庭农场发展

以家庭财产出资、以家庭成员为主要经营者，通过经营自有或租赁他人承包的土地、林地、山地、水域等，从事适度规模化、集约化、商品化农业生产经营的，可依法登记为家庭农场，组织形式为个体工商户或个人独资企业。

（十一）支持创办农民专业合作社

允许农民以土地承包经营权、林地承包经营权出资设立农民专业合作社；允许因城中村改造转为城镇户口且依法享有土地承包经营权的居民，组建农民专业合作社，其成员类型可按农民成员计算；允许创建农民专业合作社联合社。

（十二）支持文化企业改制发展

文化事业单位、文化企业改制为国有公司的，可以不进行资产评估，直接凭国有资产监管机构或财政部门出具的国有净资产数额确认文件进行验资，凭验资证明办理登记，且不受货币出资金额不得低于有限公司注册资本 30% 的限制。

(十三) 简化登记注册审批程序

企业注册登记全部实行“一审一核”制，进一步扩大“审核合一”登记范围，企业名称核准、企业住所变更、减少经营范围、备案登记、补发营业执照等登记事项，由窗口受理人员直接核准发照。只要材料齐全、符合法定形式的，当场办理登记。

(十四) 全面实行企业名称远程受理

除在省工商局登记领取营业执照的企业外，将冠“河北”企业名称的受理和初步审查权限全部下放到市、县（市、区）工商局。申请人直接到所在市、县（市、区）工商局提交申请材料，省工商局通过网络远程核准后，由市、县（市、区）工商局直接发放企业名称预先核准通知书。

(十五) 全面实行网上年检

企业年检全部实行网上预审，企业通过网络申报、查询和修改。凡企业提交年检材料齐全、内容完整、符合规定的，及时办结年检手续。简化年检材料，除法律、法规及国家有特别规定外，企业免予提交审计报告。

(十六) 实行企业主体资格延续制度

对无法通过年检但有延续缴纳养老保险和职工安置需要的企业，以及因重组、改制未完成而无法通过年检的国有、集体企业，保留其营业执照。

(十七) 慎用年检吊销处罚手段

对上年度新登记注册、逾期年检的企业，免予处罚，责令其在规定期限内办理年检。对一年未参加年检且未发现其他违法行为记录的企业，暂不吊销营业执照，责令其在规定期限内补办年检。

(十八) 推行行政指导

引导经营者规范经营，实施行政指导。对发生登记事项轻微违法行为、未造成危害后果并及时纠正的企业，尤其是鼓励发展

的战略性新兴产业企业，免予处罚，依法予以行政指导。

五、其他方面的优惠政策

农民创新创业优惠政策涉及方方面面，例如：正在各地如火如荼开展起来的对农村农技员、信息员、经纪人及农民工等实施开展的各类免费技能培训及创新创业培训，以及科技下乡、农村信息化建设等，有创业意愿的农民朋友，一定要把握千载难逢的历史机遇，甩开膀子大干一场吧。

第四节　职业农民创新创业培训途径

农民创新创业培训是“以提升农民创业理念、增强创业意识为重点，以提升农民创业能力为核心”的一种培训形式。目的是通过创业培训，使学员树立创业理念、增强创业意识、掌握创业技巧、提高创业能力，促进学员提高经营水平、扩大经营规模、领办经济合作组织、创办农业企业，培养和造就一批具有“较高专业技能、较大生产规模、较强创业能力”的高素质、创业型农民，为现代农业发展和社会主义新农村建设提供有力的人才保证、智力支持和产业支撑。

目前，各类创业培训如雨后春笋，层出不穷，质量和效果也参差不齐，农民朋友在选择参加创新创业培训时，一定要通过正规途径和渠道，最好是各级政府主管部门组织的各类培训班。

河北省近日启动农村创业带头人示范培训，确立了7个培训机构作为示范培训定点机构。

省人社厅、省财政厅联合发布《关于开展农村创业带头人示范培训的通知》提出，将农村干部省级示范培训纳入创业培训范围，并作为农村创业带头人进行示范培训。全省各级人社部门将农村创业带头人作为创业培训的重点对象，按照创业培训的相关条件、程序等规定办理《就业创业证》，并配合省委组织部统筹安排，组织实施创业示范培训工作。

河北省将邢台市邢台县浆水镇前南峪村、张家口市万全县高庙堡乡杏花沟村、承德市滦平县张百湾镇周台子村、唐山市玉田县鸦鸿桥镇刘观庄村、衡水市委党校、廊坊市固安县委党校、河北农业大学7个培训机构作为农村创业带头人创业示范培训定点机构。

参加新型职业农民创业培训有感

在科教兴国，科技兴农的大时代背景下，感谢党和国家对基层农村的政策倾斜，尤其对农村支柱经济种植、养殖业的大力扶持和关注。

首先感谢市畜牧兽医局的领导们，感谢你一直以来对中央决策与部署的贯彻与执行，感谢各级领导在万忙的工作中，抽出时间和精力来举办各种职业的培训班，在此代表各届参与培训的学员们对各级领导们由衷地表示感谢。我们一定把自己的所学知识运用到实际工作去，以行业成绩来回报你们的辛勤付出。谢谢！真心感谢在人至中年还能有幸回到课堂的学习机会。

褚少斌老师在《创业意识》章节中，用通俗易懂的讲课方式向学员们清楚地阐述了什么是新型职业农民的概念，以及新型职业农民所需具备的条件与素质。为学员们打开心路，点燃一盏心灯，照亮未来的创业路。

周东杰老师在《畜产品质量安全控制》中为大家讲解了食品安全法律及政策，从而让我意识到努力做好源头产品的质量控制是极其重要的，这是需要一种深深的社会责任感，对别人负责，对自己负责的态度地学习工作。在此我们保证坚决做一个有良知的合法青年农民企业家。

张天颖老师在《牛羊养殖生产管理》及《牛羊草料》几个课程中详细地阐述了各项工作的操作规程及具体办法，并且重点地讲解了科技养殖与管理的重要性。让学员们清晰地意识到过去的传统方法需要及时地更新和不断地探索与学习。

所有的老师们以精湛的专业技能及博深学识，那般精心细致的讲述，感谢你们。一日为师，终身为师。你们的品德将深深地印镶在我们的人生轨迹中。千言万语道不尽感激之情。我们会带着老师的教诲和希望驰骋在各个领域。争取在未来的若干年内，向老师们交一份合格的试卷。

尤为让人感动的是孝感市畜牧兽医局各级领导及学校各级领导的深切关怀和细致的照顾，让我们每一个来参加学习的学员感觉到一种家的温暖。从报到时的学习用品安排，食宿安排，每一个细微的工作都体现出领导们的重视和真情，在此再次感谢各级领导的深情厚爱。

蔡科长像一位知心大姐，耐心、细心地替学员们解决各种问题，脸上总是流露着那般亲切、真挚的笑容，让人在寒冬里如沐春风，谢谢大姐。

周科长都会准时准点地出现在食堂及课堂，勤劳、敬业，完全体现出一个教师崇高的职业素养。

十五天的学习，弹指一挥间很快就过去了，相逢是短暂的，可是学习机会是珍贵的，学习收获是丰富的，我们学习更多的职业技能的同时，更多的是开阔了视野，理宽了思路，认识了更多的朋友，还建立了 QQ 群，以方便以后交流。非常感谢各级领导为我们搭建了这么一个交流的平台，这将是一笔可观的财富！

学员

2015 年 × 月 × 日

第二章　职业农民创新创业模式

第一节　个体经营模式

个体经营是生产资料归个人所有，以个人劳动为基础，劳动所得归劳动者个人所有的一种经营形式。个体经营有个体工商户和个人合伙两种形式。社会上一般认同的个体工商户则指广义上的个体工商户，其中包括个人合伙。

个体经济具有进入门槛不高、成本和风险低、进出自由以及经营规模、方式和场地灵活等特点和优势，是大部分农民在城镇化过程中实现身份转型的必经途径，也是民族地区农民走出农村，实现脱贫致富的必然选择。

（1）多种经营之路，面向市场，立足优势，大力发展猪、牛、羊、兔、鸡、鱼、果、药、菜等多种经营骨干品种，形成规模，提高产品商品率和市场占有率。

（2）高效农业之路。加速农业科研成果转化，推广良种良法，促进农产品优质、高产、高效，提高农业生产经营效益。

（3）区域经济之路。根据地域特点和需求，着力开发特色产业或产品，努力形成“一乡一业，一村一品”的区域经济格局。

（4）庭院开发之路。利用庭院，抓好小菜园、小果园、小鱼池、小禽场、小作坊“五小”建设，大力发展庭院经济。

（5）加工增值之路。围绕农副产品资源、依托农村专业户、私营企业和乡镇企业，搞好农副产品的系列开发和深加工、精加

工、提高农产品效益。

(6) 产品运销之路。组建农民运销队伍，扩大粮食、畜禽、林果、药材等大宗农产品的长途贩运，促进产品销售，提高经济收入。

新型农民创业致富经是什么样的呢？如今，不是只有大学生才能创业的，农民创业的也很多，那么就来谈谈如今成功创业的新型农民创业致富经吧，给正要创业的农民一些借鉴。

新型农民创业致富经——苏仙棠：瓜果土专家

"扛起锄头上山种果，扎起裤管下田种瓜"，这是永定县"农民讲师"苏仙棠的真实写照。他的家乡在边远山区的古竹乡坪洋村。20 世纪 90 年代初，苏仙棠带着"找富路"的目的踏上外出考察的路程。一个多月的考察让他明确了思路：种果能致富，家乡种红柿更适宜。苏仙棠四处请教专家，钻研红柿栽培技术，带头开发荒山，高标准种植红柿。学成后的苏仙棠还向邻里乡亲印发技术资料，讲授技术，分析形势，发动群众开发红柿果园。在苏仙棠的带动下，全村成功开发红柿果园 1 500 亩。然而，上山种果的成功没有使他停下发展的脚步，苏仙棠率先在大田种植西瓜，当年便获成功，还创造性地发明了用葫芦瓜苗嫁接西瓜苗的技术，使产量提高 2 ~ 3 倍，大大提高了西瓜的经济效益。苏仙棠集中培训群众，把自己积累和发明的西瓜种植技术传授给群众，实行统一育苗，统一管理，有计划地安排产品上市，带动群众发展西瓜产业，全村现种植西瓜 800 亩。

新型农民创业致富经——张凤梅：养猪女状元

提起培丰镇瘦肉型生猪养殖示范场的女主人张凤梅，曾受助于她的张某、林某等诸多群众对她感激万分，说幸好有她"赊猪苗、传技术、帮销售"，让他们走上致富路。20 世纪 90 年代中期，张凤梅在丈夫的支持下，办起了规模瘦肉型生猪养殖场。她积极参加各类学习，很快掌握了养猪的技术和管理要领。"一枝独放不是春，万紫千红才是春”。她和丈夫商量，向周围想养猪的群众赊销猪苗、饲料，给予技术指导，并利用自己的营销网络帮助销售，然后收回猪苗饲料本钱。这样既可以帮助群众，又可以增加自家的猪苗销售，达成双赢。于是，她便实施了“赊猪苗饲料、传技术经验、帮出栏销售”方案，带动了大批群众发展生猪养殖。同村的张某，长期从事煤生意，想改行养猪找到她，张凤梅全力帮助他建立起高标准的专业养猪场。

农民创业项目知多少！农民是国家的根本，随着社会的不断变化，还是有很大的一部分人弃农从商，通过走“商”这一条道路致富，但是，对于农民来说何其困难，既然如此何不农商一起做呢。农民创业项目知多少？大学生村官的不断出现，为农村增添了一道新的亮丽风景线，他们提倡发展农村老经济与现代商业结盟，走出本小利大的好路子。农民创业项目，让你知道农民也可以迅速成为百万富翁！

农民创业项目：小香猪。

可爱卡通的小动物中，首推来自泰国的“小香猪”。现在养殖什么最赚钱？小香猪皮肤白白净净，憨态可掬，还会一路跑一路哼哼小调，相当讨人喜欢。

农民创业项目：指猴。

有一种世界上最小的猴子——狨猴，又称指猴。这种猴长大后身高仅10～12厘米，重80～100克。新生猴只有蚕豆般大小，重13克。这种猴子喜欢捉虱子吃，且生性温顺，很好饲养。

农民创业项目：变色龙。

珍稀宠物变色龙，平时外观为绿色，能随着环境变化体色，是当今最为热门的宠物。

农民创业项目：道奇兔。

道奇兔是完完全全的草食动物，脸部有“V”字形的白色区块，延伸至下颌部位，是小巧可爱的宠物首选。

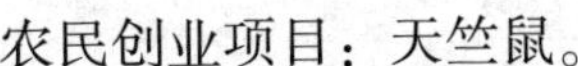

农民创业项目：天竺鼠。

天竺鼠原产地是南美洲秘鲁一带，天然食物是青草，植物的根以及果实种子，是绝对的素食主义者。野生的天竺鼠身材苗条运动灵活，长期被人类当作宠物饲养以来，由于好吃懒做缺乏运动因而变得胖乎乎的，很招人喜爱。

农民创业项目：独角仙。

又称双叉犀金龟，体大而威武。其体长就达 35 ~ 60 毫米，体宽 18 ~ 38 毫米，呈长椭圆形，脊面十分隆拱。

农民创业项目：斗鱼。

泰国斗鱼是一种十分有趣的热带鱼。雄性之间十分好斗。如果将两条雄斗鱼同缸，它们之间的战斗常常要持续到其中的一条斗鱼毙命为止，得胜的一方身上色彩比平常更为鲜艳。

农民创业项目：弓背蚁。

这种蚂蚁攻击性弱，易受惊，受惊时会高速奔跑。配合最近比较流行的蚂蚁工坊，是观赏性较强的宠物。

农民创业项目：罗汉鱼。

罗汉鱼又名花罗汉，是近年来由马来西亚水族业界创造的一种新派观赏鱼。其浑厚圆亮的头部、printer driver 硕大魁梧的体态，好像传说中的罗汉尊者因而得名，也因此被称为风水鱼。罗汉鱼观赏性强且通人性，加之其身体强健容易饲养，使得这一新兴观赏鱼迅速风行大江南北。

农民创业项目：养野兔。

野兔肉蛋白质比瘦猪肉高出 50%，比羊肉高出一倍，脂肪仅为猪肉的 1/16、羊肉的 1/7，胆固醇含量为猪肉的 1/3、鸡鸭肉的 2/3，因此深受市场欢迎，特别是在南方市场，野兔现 60 ~ 70 元/只仍求过于供，远远无法满足市场需求。自 2002 年以来，广东、上海、福建等市场上野兔价格一直保持在 26 元/千克左右，且常常有价无货，成为城乡人们投资的新热点。

第二节　农民合作社模式

中国农民专业合作社的组织类型大致可以分为三类：比较经典的合作社（A 型）、具有股份化倾向的合作社（B 型）和相对松散的专业协会（C 型）。

所谓 A 型合作社是指比较符合合作社主流原则的合作社，是一种管理比较规范、与社员联系比较紧密的合作社形式。在 A 型合作社中，社员一般交纳大致相等的股金，通常实行一人一票，主要按照社员惠顾额返还利润。A 型合作社多数在工商管理部门登记为企业法人，约占全国合作社总数的 10%。

所谓 B 型合作社是指股份制与合作制相结合的股份合作社。与 A 型合作社相比，B 型合作社与其说是一种合作化形式的制度安排，倒不如说是一种一体化的企业安排。B 型合作社通常由农业企业、基层农技服务部门、基层供销社和比较具有企业家素质的“农村精英”等出资作为股东，再吸收少量的社员股金组建成股份合作社。B 型合作社多数有相关的企业，在工商管理部门登记为企业法人。目前 B 型合作社约占全国合作社总数的 5%。

所谓 C 型合作社在中国通常被称为专业协会。它们是我国农村改革开放以来最早出现的在农民自愿基础上建立的专业服务组织，主要开展农业技术推广和技术服务。最初它们并不是真正意义上的合作经济组织，但随着其自身实力的不断增强，也逐渐涉及其他产前、产后服务，技术经济合作色彩逐渐浓重，所以，它们实际上也可被当作比较松散的农民专业合作社。多数 C 型合作社在民政部门登记，注册为社团组织。目前，C 型合作社约占中国农民专业合作社总数的 85%。C 型合作社与 A 型、B 型合作社的根本区别在于，前者是非产权结合基础上的服务联合，后者是基于产权结合的交易合作。这也正是不少人认为 C 型合作社

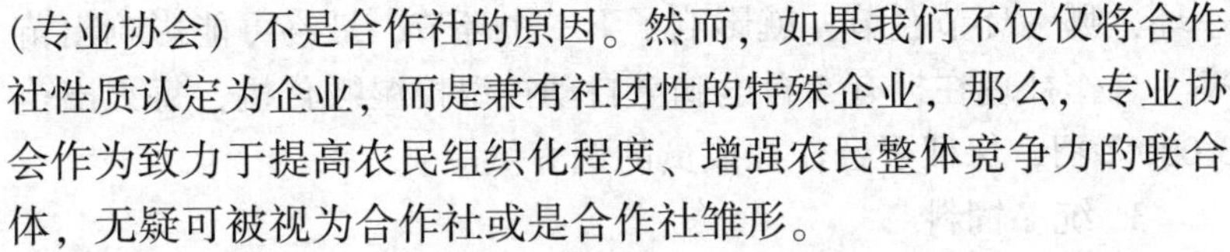

(专业协会) 不是合作社的原因。然而，如果我们不仅仅将合作社性质认定为企业，而是兼有社团性的特殊企业，那么，专业协会作为致力于提高农民组织化程度、增强农民整体竞争力的联合体，无疑可被视为合作社或是合作社雏形。

案例1：

永春县湖洋合兴鹌鹑专业合作社前身为“永春县鹌鹑饲养和管理技术协会”，创建于2003年3月，于2007年9月9日工商注册登记为“永春县湖洋合兴鹌鹑专业合作社”。合作社现有会员28场，成员135人。2009年，淘汰母鸟30万羽，生产蛋67.5万千克，产值750万元，实现利润160万元，提取公积金5万元，风险金4.5万元。现有存栏35万羽，每天可生产蛋37担左右。合作社被列入农业部2009年农民专业合作组织示范单位，合作社的主要做法和取得的成效有以下几个方面：

一、生产方面

合作社在生产方面以“六统一分”为运行机制，即统一调种、统一孵化、统一饲料、统一防疫、统一运输、统一销售、分散饲养。

1. 统一调种

鹌鹑是雉科中体型较小的一种。人工饲养鹌鹑很怕近亲繁殖，影响产量。合作社每年从北京、江西等地引入“朝鲜龙城系”新品种2万羽，既保证了鹌鹑鸟和蛋的产量，又保证其质量，维护消费者的利益和本社的声誉。

2. 统一孵化

鹌鹑的孵化技术比较复杂，它对温度、湿度、通风、翻蛋、凉蛋、照蛋、落盘、出雏、清盘等环节都有严格的程序，一环扣一环，哪一环节脱节，就影响了下一个环节，最终可能影响出苗率。合作社现在拥有5台电脑全自动控温控湿孵化机，每天出苗3 000多羽，保证了合作社成员的饲养供应。

3. 统一饲料

由于鹌鹑对饲料变化敏感性强，饲料要相对稳定，不能变化太大。合作社统一向厂家订购相关饲料，每月需要近100吨。合作社要求成员按统一的配方，将豆饼、鱼粉、麸皮、骨粉、槐树粉等进行科学配制，不允许随意增减其中含量，确保鹌鹑正常生长。合作社统一调配饲料既保证了质量，又降低了生产成本。

4. 统一防疫

鹌鹑是目前家禽中最小的禽类，防疫技术尤其显得重要。2003年底，忽染时令瘟疫，当时的技术协会近12个场受灾，经济损失达60万元。这次教训后，合作组织硬性规定，向县农业局畜禽服务中心统一购买防疫苗，并专人管理，建立台账，督促饲养户按时、按量防疫；并委托县农业局畜牧兽医站进行抽血化验，确保防疫面达100%。

5. 统一运输

合作社成立运输组，配备了5台运输车辆。合作社的饲料、疫苗、蛋等统一由汽车组承运，不仅及时快捷，又降低生产成本，客户非常满意，销路畅通，一举两得。

6. 统一销售

合作社在泉州、福州、三明、厦门、莆田、仙游、漳州、福清等大中城市设立55个销售点，合作社产品统一配送、价款统一结算、统一分配报酬。

7. 分散饲养

鹌鹑鸟分为雏鹌鹑、仔鹌鹑、成鹑饲养三个阶段，各阶段侧重点不同，合作社生产组以相对独立场管理方式，在统一安排生产规模、生产方式下，各场独立管理、独立核算，目的就是调动

各生产场的积极性与主动性，引入竞争机制，有序竞赛，实行奖惩结合，最大限度提高效益。

二、管理方面

合作社成立以来，按照上级要求，依照《章程》规定，积极拓宽服务领域，健全服务网络，完善运行机制，提升服务水平，不仅使合作社本身得到发展壮大，而且使社员收入不断增加，深受社员信赖，现有30多户申请入社。

1. 运转方式

在内部管理上，实行社员代表大会、理事会和监事会“三会”制度。社员代表由社员直接选举产生，社员代表大会每年召开一次。理事会和监事会直接由社员代表选举产生，理事会由7人理事组成，由理事会选举理事长1人、副理事长1人、秘书长1人、理事4人，理事长任期五年，可连选连任。理事会是合作社的执行机构，主持日常工作。监事会是合作社的监察机构，代表全体成员监督和检查理事会的工作，监事由成员大会选举产生。监事会由3人组成，由监事会选举监事长1人。监事长任期五年，可连选连任。合作社下设5个小组，即办公室（包括财务室）、孵化组、销售组（包括运输组）、生产组（下设若干个生产场）、饲料组。各组业务独立，财务统一核算。各组生产、销售指标每月由办公室下达，工资每月结算付清。

2. 三项制度

一是会费及股金制度。凡要加入合作社的社员，申请经理事会研究同意后，每股交纳股金2 000元，入股者享受合作社保险机制，参加本合作社的股金分红，同时承担亏损风险。二是定期会议制度。每月月底，定期召开理事会议，总结本月生产、销售情况，部署下个月生产、销售计划，解决生产、销售存在的问题。三是培训交流制度。每季度以小组、分专业进行一次培训交流。在会上各抒己见，交流生产、销售环节中存在的问题，提出解决办法，若碰到难以解决的问题就邀请专家进行现场指导。

三、主要成效

合作社经过几年的努力，坚持抱团发展，初步形成了集约化、规模化、标准化、专业化、生态化生产的现代养殖产业模式。

1. 抓规模，拓市场

为了提高市场的占有率，合作社根据《章程》规定，有计划地吸收新社员。合作社创建时只有 15 个场，现在发展到 28 个场；年产量由 15 万千克发展到现在 67. 5 万千克；产值由原来的 70 万元上升到现在的 750 万元；原来代销网点只有 8 个，现在有 4 个市 55 个代销点，本省市场占有率由 35% 上升到 60%；目前，已在仙游、莆田等地成功进入超市。国内市场不断开拓，产品流通渠道进一步拓展，社会效益和经济效率进一步提高，合作社步入了良性循环轨道。

2. 抓服务，促规范

养殖业风险大，技术含量高。合作社每年两次邀请县、镇专业技术人员定期到饲养场进行技术培训，社员可以面对面提出饲养过程中碰到的问题，专业技术人员认真解答疑难问题，提高了饲养鹌鹑的成活率和出栏率。同时，合作社每年还派出相关人员到浙江、江西等地参观学习，借鉴别人的先进技术和营销策略，扬长避短，提高本地产品的质量，得到了顾客的信赖和认可，巩固了顾客群体。合作组织成立六年来共培训 9 场，参训人达 820 人（次）。

3. 抓科技，提质量

合作社增强对下属专业组的服务功能，去年两次从北京、江西调入“龙城系”自分鹌鹑鸟 4. 5 万羽，在本社进行试验，现已

成功，公母鹌鹑分清率达 99%，不仅赶上了销售旺季，同时也提高了鹌鹑产蛋率。

4. 抓管理，增效益

合作社下设 5 个专业组，各部门专业分工明确，操作程序相对独立。合作社通过召开股东大会、小型座谈会、走访相关人员，订出了一整套科学管理方法和利润分配方案，既保护各组的利益，又不能让各专业组成员收益相差过大，最大限度调动全体成员的生产积极性和创造性，确保合作社协调、有序地发展。

四、主要体会

合作社坚持“自愿、合作、集约、共赢”经营理念，使全体社员共享技术、共打市场、共创品牌、共得实惠。

1. 当好组织者

随着市场经济的不断完善，新形势下一家一户的格局不能形成规模，防疫环节较为薄弱，导致生产销售不畅，效益不高，卖难现象制约着农村经济发展，影响社员增收。合作社通过专业分工，形成规模，真正成为风险共担、利益均沾的统一体，体现了民有、民营、民管、民享的特色。合作社通过有效服务，得到广大社员的信任，做到真诚合作，互惠互利，生产发展，社员增收。

2. 当好引导者

合作社成立后，如何引导社员走上科技化、市场化的轨道，成为合作社工作的重中之重。一是品种落实。原来一律外调品种，现在自已制种成功，防止近亲繁殖。二是防疫落实。统一向县兽医服务中心定购防疫苗，统一抽血化验。三是销售落实。鹌鹑鸟与蛋不宜长期积压，务必根据市场供求信息，及时调剂生产数量，既确保市场供应，又不能使产品积压。四是清洁落实。鹌鹑鸟饲养不能影响周边环境，合作社对鹌鹑粪统一烘干，统一销售，既不破坏环境，又增加销售利润。

3. 当好服务者

合作社有没有吸引力，信誉高不高，关键是看为社员提供服务水平高不高，社员收入是否稳定并相对提高。合作社始终坚持“靠服务赢得信誉，靠信誉赢得支持，靠支持赢得发展，靠发展强化服务”的原则，在引导社员生产、管理、技术培训、产品销售等方面，充分发挥合作社的服务功能，实实在在为社员服务。

4. 当好调控者

合作社成立前，饲料供应、品种引入、生产孵化、加工销售由农户分散经营，各自为阵，不仅难以形成规模，而且资金配置不合理，造成极大浪费，效益低下。合作社成立后，通过对饲料、品种、生产、销售等一体化经营，使鹌鹑饲养业过程中所需要的资金、人才、技术、劳力等生产要素得到优化配置，发挥最大效益。

案例2：

青岛顺科蛋鸡产销专业合作社被平度市科协认定为绿色产品科技示范基地，不仅带动了当地的养鸡专业户，而且产品有自己的品牌——“顺科”牌鸡蛋。该品牌是青岛市名牌农产品，被农业部认定为无公害农产品，2007 年经中国绿色食品发展中心审核，被认定为绿色食品 A 级产品，2007 年 9 月通过了出口企业养殖场备案、并通过奥帆赛食品企业养殖场备案。青岛顺科蛋鸡产销专业合作社的前身是平度市蛋鸡协会，2003 年 2 月在青岛市农业部门的指导下，由青岛顺科养鸡有限公司总经理吕文顺牵头，与养鸡大户们共同成立了“平度市蛋鸡协会”，协会主要参加会员 51 人，大家约法三章，并推选吕文顺同志担任了会长。2005 年 6 月他们又将原来的协会更名为“青岛平度市绿色蛋鸡

协会”并正式在民政部门登记为社团法人，有会员150人，会员中除了蛋鸡养殖大户外，还包括了饲料供应厂家、鸡蛋销售商和技术人员，会员范围扩大到即墨、胶州等县、市，成为拉动青岛市蛋鸡产业发展的一支骨干力量。由于协会属于社团法人，不能对外开展生产经营活动，无法获得金融部门信贷支持，对农民服务也存在缺位等体制性问题，合作社承接国家发展农业和农村经济建设项目的政策性能力是专业协会所无可比拟的。在2007年8月22日，在主管部门和当地政府的指导下，协会到市工商局注册成立了平度市第一个农民专业合作社，合作社成立后主要是为社员提供饲料兽药供应、鸡蛋的加工、运输、储藏以及与鸡蛋生产经营有关的技术、信息等服务，实行标准化生产，开拓市场，将社员生产的产品销售出去。合作社的主要产品是无公害鸡蛋、绿色食品鸡蛋、富硒鸡蛋等多种高质量的鸡蛋和毛鸡等。现有出资人120名，出资总额20万元，社员达到180名，其中团体成员4个。社员中除了蛋鸡养殖、蔬菜种植大户外，还包括了生资供应厂家、销售商和技术人员，社员范围扩大到即墨、胶州等市。

案例3：

山东成功人果蔬专业合作社被中华全国供销合作总社评为“农民专业合作社示范社”。山东成功人果蔬专业合作社是2009年4月以金乡县成功果蔬制品有限公司为依托，在金乡县供销社具体指导下成立的一家以大蒜经营为主的农村合作经济组织，注册资本518万元，发展社员620余户。近年来，合作社按照“龙头企业+专业合作社+基地”的产业化发展模式，大力发展现代农业、高效农业，建成了从生产一直到市场终端的农产品经营服务体系，实现了小生产与大市场的有效链接，增加了农民收入。

合作社现已建立国家级标准化出口大蒜示范基地23 000亩、绿色食品基地13 000亩、有机大蒜基地3 200亩、GAP基地650亩，美国有机大蒜基地1 000亩。建立健全产品追溯体系，严格实行“五统一”管理，即统一供种、统一施肥、统一管理、统一收购、统一销售。从大蒜种植、加工一直到餐桌，实行全程跟踪，确保产品质量安全。合作社每年与基地社员签订收购协议，实行保护价收购，公司收购基地社员的大蒜每千克高于市场价0.4元，2010年合作社与有机大蒜基地社员签订的销售合同中明确承诺将有机大蒜销售利润部分的30%二次返利给基地社员，从而实现了社、农双赢。2010年，合作社基地农户大蒜比普通农户大蒜每亩增收效益400元，每年辐射带动全县2 000多户农民增收1 600万元。近年来，合作社积极开拓国际、国内两大市场，先后参加了德国科隆国际食品展、柏林果蔬展、日本农产品展会，深圳、香港国际果蔬展，扩大了国际贸易。加快“农超对接”步伐，抢占国际、国内高端市场，先后与北京物美超市、天津易买得超市、济南银座签订了长期的合作协议；2010年，合作社承办了金乡大蒜进世博、进广州亚运会活动，成功打入了世界500强企业的“麦德龙”超市。

第三节　集约化经营模式

集约农业是农业中的一种经营方式。是把一定数量的劳动力和生产资料，集中投入较少的土地上，采用集约经营方式进行生产的农业。同粗放农业相对应，在一定面积的土地上投入较多的生产资料和劳动，通过应用先进的农业技术措施来增加农业品产量的农业，称“集约农业”。

集约经营的目的，是从单位面积的土地上获得更多的农产品，不断提高土地生产率和劳动生产率。由粗放经营向集约经营转化，

是农业生产发展的客观规律。这与土地面积的有限性以及土壤肥力可以不断提高的特点有密切关系。集约经营的水平，取决于社会生产力的水平，并受社会制度的制约和自然地理条件、人口状况的影响。主要西方国家的农业，都经历了一个由粗放经营到集约经营的发展过程，特别是20世纪60年代以后，他们在农业现代化中，都比较普遍地实行了资金、技术密集型的集约化。然而由于各国条件不同，在实行集约化的过程中则各有侧重。有的侧重于广泛地使用机械和电力，有的侧重于选用良种、大量施用化肥、农药，并实施新的农艺技术。前者以提高（活）劳动生产率为主，后者以提高单位面积产量为主。中国是一个人口众多的农业国。社会生产力较低，农业科学技术还不发达，长期以来，农业集约经营主要是劳动密集型的。随着国民经济的发展和科学技术的进步，中国农业的资金、技术集约经营也在发展。

集约农业具体表现为大力进行农田基本建设，发展灌溉，增施肥料，改造中低产田，采用农业新技术，推广优良品种，实行机械化作业等。集约农业的发展程度主要取决于社会生产力和科学技术的发展水平，也受自然条件、经济基础、劳动力数量和素质的影响。衡量集约农业发展水平的指标有两类：①单项指标。如单位面积耕地或农用地平均占有的农具和机器的价值（或机器台数、机械马力数）、电费（或耗电量）、肥料费（或施肥量）、种子费（或种子量）、农药费（或施药量）及人工费（或劳动量）等。②综合指标。如单位面积耕地或农用地平均占用生产资金额、生产成本费、生产资料费等。中国的长江三角洲、珠江三角洲和成都平原等地区均属集约农业。

中央农村工作会议提出以农业集约化经营为突破口，从解决农业生产方式这个农村最基本的问题入手，推进农村改革发展，充分体现了中央的改革创新要求，充分反映了“三农”工作的迫切需要。但一些同志对此认识不够，办法不多，信心不足。

一、推进农村土地流转与集约化经营的必要性

（一）推进农村土地流转与集约化经营是农业持续发展的迫切需要

当前农村一家一户分散经营没规模效益，农民大量外出务工，土地由年大体弱的中老年人耕作，经营粗放，甚至还出现了撂荒现象。如此再过五年或十年，老年人种不了地，年轻一代不愿种地，也不会种地，谁来种地？这是农业持续发展面临的最严峻的问题。有人说不用担心，车到山前必有路，门源许多地方就是不种地，外面的农副产品也要卖进来。这是一种对农业缺乏研究的不负责任的说法。第一，中国是农耕社会，纷繁复杂的农业技术是靠农民自我积累和传授的，一旦农业技术失传，农业生产将面临怎样的境地？第二，农业土地资源尤其是山区土地资源不同于其他资源，一旦摆它三五年不用，恢复成耕地就非常困难。第三，农民和市民对农用土地的价值观念不同，农民视土为宝，市民视土为脏。如果土地荒了指望城里人去开发土地搞农业是绝对不现实的。中央再三要求培养新型农民，其意义不仅是现代农业的要求，更是传承农耕文化，保证农业持续发展的需要。第四，中国农业土地资源有限，中国的饭碗不能端在外国人手上，我们这些山区即使不能为国家作贡献，起码也要基本自给。同时，搞好本地农业也是降低老百姓生活成本，提高生活质量的需要。因此，必须尽快通过土地流转培养出一大批热爱农业、会经营农业的新型农民、专业大户，这是农业持续发展的迫切需要。

（二）推进土地流转与集约化经营是实现农业产业化的基础性环节

农业产业化是市场经济条件下农业的生产基地、加工销售以及科技、中介服务等环节的市场主体结成的风险共担、利益

共享的利益链条。由于农村土地制度、农业发展进程以及农民素质等诸方面原因，生产基地必须有市场主体，这是一个基础性环节。多年来，我们搞农业产业化之所以收效不大，其根本原因就在于这个环节的市场主体缺位，形成了农业产业化的瓶颈性制约。自给自足的小农经济无法与市场农业接轨，只有专门从事商品农业生产的市场农业主体、专业大户等才能加盟农业产业链条。农业的方向是市场化，就目前而言，市场化的基本途径是产业化。因此，要加速产业化进程，必须加速土地流转，实施集约化经营，形成众多的市场农业主体，奠定农业产业化基础。

（三）推进土地流转与集约化经营是现代农业的客观要求

现代农业是一项复杂的系统工程，包括现代物质条件装备、现代科技、现代经营形式、新型农民、机械化、信息化等多种因素。在这诸多要素中，前提是集约化经营，主体是有知识技术、懂经营管理的新型农民。没有集约化经营，没有新型农民，现代物资装备、现代科技就无法使用，现代发展理念、现代经营形式就无法引入，土地产出率、资源利用率、劳动生产率、农业的效益和竞争力就是一句空话。

（四）推进土地流转与集约化经营是解决农村诸多问题的突破口

集约化经营是农业生产方式的根本性问题。这个问题解决了，其他问题都能迎刃而解。所谓牵一发动全局，起杠杆作用的支点，集约化就是农业的“一发”“支点”。通过集约化经营，农业增效问题，农业的自我投入问题，农民增收问题，农民的观念问题，农村基层组织建设人才问题，以及农村党风廉政建设问题，包括村干部待遇问题等，都能得到较好解决。

二、推进农村土地流转与集约化经营的艰巨性

（一）家庭联产承包的基本政策与集约化经营的矛盾——流转集约土地难

家庭联产承包经营制度，曾极大地调动了农民的生产积极性，短短几年就解决了十几亿中国人吃饭问题，创造了世界奇迹。随着改革开放和市场经济的深入发展，分散经营的弊端逐渐显现，“分久必合”，集约化经营成为必然趋势。但是，农村土地的基本制度仍然是家庭承包，农民的素质，山区农村土地分散、不平坦等，都为集约化经营增添了难度。

（二）农业风险大、周期长、成本高的特性与集约化经营的矛盾——寻找集约化经营的主体难

农业受自然和社会环境约束力大，无论是遇天灾还是市场不畅，打击都是毁灭性的。经营大宗农产品效益低，调结构搞高效农业一般要 3～5 年时间才能见效。农业风险大、周期长，加上土地、人力的较高支出费用，经营成本相对较高。

（三）山区经济发展水平低、农民小农经济意识浓与集约化经营的矛盾——优化集约化经营环境难

一方面，经济发展水平不高，导致两个问题：一是农民转移就业岗位不足，对土地的依赖性较强，土地成本比发达地方高，经营成本高；二是富裕的人少，农村富人尤为少，搞集约化缺乏资本原始积累。另一方面，农民小农经济意识浓，目光短，顾自己，顾眼前，甚至“红眼病”“望人穷”等落后观念也可能导致连片集中土地困难，经营管理环境不好，经营用工效率不高等问题。

三、推进农村土地流转与集约化经营的可操作性

（一）推进土地流转与集约化经营有可靠依据

一是国家有政策。《中共中央关于推进改革发展若干重大问题的决定》对土地问题可以概括为六个字：稳定、流转、创新。稳定，就是稳定和完善农村基本经营制度。流转，就是按照依法自愿有偿原则，允许农民以转包、出租、互换、转让、股份合作等形式流转土地承包经营权，发展多种形式的适度规模经营。创新，就是要推进农业经营体制机制创新，加快农业经营方式转变。二是省州有要求。县上也明确指出："允许农民以多种方式流转土地承包经营权"。三是州上明确提出了以农业集约化经营和农民向农民新村和城镇集中为突破口推进农村改革发展，对集约化经营提出了具体指标。四是农民有共识。没有规模就没有效益，已逐步成为农民的共识，随着城市经济的发展、农民工的进一步转移就业和农村集约化经营的实践，必将有更多农民愿意出租土地支持集约化经营。

（二）推进土地流转与集约化经营要有正确的思路

首先，要深刻认识中央关于农村土地政策的正确性。稳定家庭承包为基础的政策，是国家稳定大局的需要，是以人为本、重视民生的具体体现，决不能动摇。其次，要坚持以引导为基本工作方式。强化引导责任，创新引导方法，完善引导举措。第三，要明确基本要求。前提是强化引导，原则是自愿有偿依法，目标是土地流转，关键是处理好引导与自愿的关系。

（三）推进土地流转与集约化经营要转变工作方式

推动土地流转与集约化经营讲的是两个方面的问题。前者是对农民的工作问题，后者是对实施集约经营的业主、专业大户的工作问题。做好这两个方面工作的关键是我们的工作方式必须由原来的已经习惯的行政命令、行政管理转变到引导服务上来，如果不转变，或者转变不好，土地流转与集约化经营就搞不起来。

第一，干部的思想作风要转变。过去搞管理居高临下，群众求干部办事；现在搞引导服务必须放下身架，平等相待，甚至还要“求”农民，“求”专业大户。这不仅是工作方式转变问题，更重要的是思想作风要转变，要把过去计划经济形成的官僚主义习气消灭掉，还人民公仆的本来面目。从这个意义上讲，今后谁集约化经营搞得不好，不仅反映干部观念落后，思想保守，更反映干部思想作风上有问题。

第二，要坚持以培育专业大户为重点，实施集约化经营。要改变过去“开大会，搞发动”的做法，重点对本地能人个别做工作，让他们去搞集约化经营。在土地流转中，农民的工作主要由当地专业户自己去做，一般情况下，没有专业户的特别要求，镇乡干部不要插手。这就叫“大户带农户”。对外来的专业大户，做农民的工作也主要由村社干部去做。现在有些村社干部也开始吃拿卡要了，一要加强教育；二要落实责任，严格考核，与待遇挂钩，集约化经营搞不好的村干部也要“下课”。

第三，注重用优势产业引导集约化经营。一方面围绕区里主导产业抓引导，因地制宜，把油菜、蔬菜、青稞、饲料、养羊、养牛等养殖产业引进去。另一方面，引导农村能人广收信息发展有市场前景的特色产品。

第四，改变投入方式扶持集约化经营。产业化项目投入要重点向龙头企业和专业户倾斜；小微型农业基础设施建设项目要为集约化经营配套并尽可能让集约经营者直接实施。政府扶持农业生产的资金除上级有严格规定的外，一律扶持集约经营。

第五，综合运用政府资源推进集约经营。很多基层干部总以为乡镇没有钱，权力小，手段少，作为不大，这是计划经济的旧观念。其实，政府掌握着政治经济文化等各方面资源，关键在转变观念创新方式，用好这些资源。目前，要重点抓好以下工作：

一是充分利用舆论资源，抓好宣传引导，大张旗鼓、深入浅出地宣传“集约”“集中”的好处。二是充分利用政治资源，树立典型，宣扬典型，给“集约”“集中”典型给足“面子”。三是充分利用经济资源，集中投向“集约”“集中”，发挥示范引导作用。四是充分利用信息资源，建立土地流转、经济信息、劳务信息等平台。五是充分利用政府协调资源，带领专业户、能人走出去，把龙头企业、项目引进来；深入做好农民、专业户的思想工作，促进土地流转和集约化经营。

在推进农村土地流转与集约化经营上，还要注意三个问题：一是关于集约化经营的单个规模问题。无论是种植业还是养殖业，经营规模都要适度。适度的标准主要看经营者的资本情况，要帮助“老板”算账，打足成本和必要的流动资金，切不可贪大。同时，也要有一定规模，起码要保证业主、大户有利可图，比外出打工划算。二是关于土地出租价格问题。县里不可能出统一的价格，但各乡镇要有指导价，其价格可在认真算账并广泛征求农民意见的基础上提出。三是各乡镇和涉农街道一定要调整工作思路、工作重点和工作方式，突出抓好“集约”“集中”及其相关工作，党政主要领导对“集约”“集中”各把一摊儿、分工负责、确保抓出成效。

第四节　股份制经营模式

股份制是指全部注册资本由等额股份构成并通过发行股票（或股权证）筹集资本，公司以其全部资产对公司债务承担有限责任的企业法人。其主要特征是：公司的资本总额平分为金额相等的股份；股东以其所认购股份对公司承担有限责任，公司以其全部资产对公司债务承担责任；每一股有一表决权，股东以其持有的股份，享受权利，承担义务。

股份制企业是指两个或两个以上的利益主体，以集股经营的方式自愿结合的一种企业组织形式。它是适应社会化大生产和市场经济发展需要、实现所有权与经营权相对分离、利于强化企业经营管理职能的一种企业组织形式。

股份制企业的主要特征：

①发行股票，作为股东入股的凭证，一方面借以取得股息，另一方面参与企业的经营管理。②建立企业内部组织结构，股东代表大会是股份制企业的最高权力机构，董事会是最高权力机构的常设机构，总经理主持日常的生产经营活动。③具有风险承担责任，股份制企业的所有权收益分散化，经营风险也随之由众多的股东共同分担。④具有较强的动力机制，众多的股东都从利益上去关心企业资产的运行状况，从而使企业的重大决策趋于优化，使企业发展能够建立在利益机制的基础上。

股份有限公司从本质上讲只是一种特殊的有限责任公司而已。由于法律规定，有限责任公司的股东只能在 50 人以下，这就限制了公司筹集资金的能力。而股份有限公司则克服了这种弊端，将整个公司的注册资本分解为小面值的股票，可以吸引数目众多的投资者，特别是小型投资者。

由于股份有限公司的特点，使得它在组织管理上有很多不同于有限责任公司的地方。

（1）注册资本：同样指登记的实收资本，最低限额为人民币 500 万元。

（2）权力机构：股东大会，由全体股东组成。

股东的每一股份有一表决权。值得注意的一点是公司法规定，股东大会作出决议，必须经“出席会议”的股东所持表决权的半数或者 1/2 以上通过——在中国这种情况下，大量以投机为目的的股民根本不关心企业具体经营情况，更不要说自己出钱去参加股东大会，这样就为大股东操纵表决创造了条件；另一点

区别是，股份有限公司的股东可以自由转让股份，不需要经过其他人同意。

（3）董事会和经理：这里和有限责任公司基本相同；董事长是公司的法人代表，经理负责公司的经营管理工作；同时，董事应当对董事会的决议承担责任。董事会的决议违反法律、行政法规或者公司章程，致使公司遭受严重损失的，参与决议的董事对公司负赔偿责任。

对于上市企业而言，还需要聘请独立的外部董事。

这里着重介绍一下，农村土地股份制的一些内容。

农村土地股份制是近年来农民在实践中创造的一个新事物，一些发达地区改革经验值得借鉴。尽管各地的做法不同，但主要有三种共性模式：

模式一：将村集体土地与村集体经营性资产一起折股量化，明确每个社员的股份，经营收益按股分红。它的主要特点是，在村集体经营性资产折股量化的基础上，将农户承包的土地也折股量化，设置土地承包经营权股。有的按当地确定的不同类型土地的标准参考价格作为依据，有的是经评估确定土地价值，然后折价作股。土地承包经营权股按农业人口无偿配给，土地股份不能抵押、买卖，经董事会同意可以在本社区范围转让。股东按其所占有的土地承包经营权股和资产股的总股数参与收益分配，实行一人一票制。

模式二：将农户土地承包经营权股权化。它的主要特点是，将原社区集体经济组织发包给农户的承包地经营权作股，组建新的股份合作组织，对入股土地实行统一规划、开发和经营。股份合作组织直接经营或者代表股东与企业签订合同或进行租赁。广东省的南海、顺德、三水共有土地股份合作社 2 717个，入股土地面积 146.5 万亩。南海区顺镇“万顷洋农业现代化示范区”实行土地经营权入股，独立核算，按股分红。目前，该示范区首期工程建设包括3个股份合作联社、10个股份合作社，吸引19家农业企业参与，引入资金6 000多万元，经营土地4 000多亩，每亩保底收入600元，2003年每亩分红500元，两项每亩共收入1 100元，大大高于农民单个经营的收入。同时，劳动力还可以在本区从事农业经营或外出打工，有300人直接在园区工作。

模式三：农户以土地承包经营权参股。它的主要特点是农户以承包地折价参股。大连的向应现代农业园区在依法、自愿、有偿的原则下，采取集体土地、资金以及农业设施和农民承包土地的全部或部分折价入股作为企业的投资，于2001年成立大连向应农业发展有限公司，实行农民“入股自愿、退股自由”。经全体村民代表讨论，成立了股东大会、董事会、监事会。其股份构成是：村民一分地为一股，61户共293亩，折价占总股本的13%；村集体以统一经营的1 300亩地和水利配套设施、温室大棚入股，折价占总股本的87%。约定公司有效经营期10年。采取保底收入、盈余分红形式。村民既可承包园区内的农业项目，又可为公司打工，股民可优先在园区就业。

股份公司可以省、市、县农业公司形式进行垂直化管理，也可以村为单位进行纵向管理。分配原则是按股份多少进行分红，既可以分粮食、油料，也可以是发放现金。主要将大田大地进行机械化作业，小田小地适宜进行重新分给农户进行责任制经营。但是这中间涉及很多具体利益平衡的问题，像有的农户把自己田地转租或者直接出卖的，凡是国家政策、法规不准许的交易一律作废；一些合法的田地转让，应该平衡这种转让利益。在社会主义新农村建设背景下，积极推进土地规模经营和农村土地股份制改革，显得尤为重要。要遵循市场经济规律和农民群众意愿，切实转变观念，尊重当地农民首创精神！坚持一个指导方针与多种地方创新精神相结合；加强宣传、引导、强化管理、创新服务相结合，创造一个更加宽松的政策环境，使土地流转、规模经营和

农村土地股份制改革走上稳步、健康、有序的发展轨道。一是要坚持“稳制、分权、搞活”的原则。在稳定农户家庭承包责任制的前提下，实行土地集体所有权、农户土地承包权和土地使用权的适当分离，搞活土地使用权，逐步形成农村土地要素市场。二是要坚持“自愿、依法、有偿”的原则。土地使用权流转要尊重农户意愿，严格按照法定程序操作，充分体现有偿使用原则，不得搞强迫命令等违反农民意愿的硬性流转。三是要坚持“集中、连片、规模”的原则。土地流转要相对集中，使流转的土地达到集中连片，规模开发，集约经营，发挥规模经营作用，产生规模经营效应。四是要坚持“指导、管理、规范”的原则。无论在土地流转前后，还是在实施农村土地股份制改革时，都要加强管理和指导，促进土地流转和土地股份制改革的程序和手续依法、规范、有序。

第三章　职业农民创新创业行业选择

第一节　种植业

一、概述

种植业是栽培各种农作物以及取得植物性产品的农业生产部门，种植业是农业的主要组成部分之一。利用植物的生活机能，通过人工培育以取得粮食、副食品、饲料和工业原料的社会生产部门。包括各种农作物、林木、果树、药用和观赏等植物的栽培。有粮食作物、经济作物、蔬菜作物、绿肥作物、饲料作物、牧草、花卉等园艺作物。在中国通常指粮、棉、油、糖、麻、丝、烟、茶、果、药、杂等作物的生产。也指狭义的农业，也称农作物栽培业。通常指栽培农作物以取得植物性产品的农业生产部门。在中国，种植业同林业、畜牧业、副业和渔业合在一起，为广义的农业。在国外，种植业一般同畜牧业合在一起，统称为农业。

二、我国种植业分布

根据发展种植业的条件、种植制度、作物结构、生产布局和商品化程度，以及发展种植业生产的方向、措施，按照区内相似性与区间差异性，并保持一定行政区界完整性的原则，中国农作物种植业区域划分为10个一级区和31个二级区。其中一级区分别为：东北大豆、春麦、玉米、甜菜区；北部高原小杂粮、甜菜

区；黄淮海棉、麦、油、烟、果区；长江中下游稻、棉、油、桑、茶区；南方丘陵双季稻、茶、柑橘区；华南双季稻、热带作物、甘蔗区；川陕盆地稻、玉米、薯类、柑橘、桑区；云贵高原稻、玉米、烟草区；西北绿州麦、棉、甜菜、葡萄区；青藏高原青稞、小麦、甜菜区。

三、种植业分类

种植业是由多种作物种植组成的综合体，按其产品特点可分为粮食作物、经济作物、蔬菜作物、饲料作物和绿肥作物等类作物的种植。其中每一类作物又包括若干个具体小类。在中国，种植业通常包括粮、棉、油、麻、丝、茶、糖、菜、烟、果、药、杂等。这些作物之间，存在着互相制约、互相依存的关系，但是，他们各自在种植业中和在整个农业中所占的地位，并不完全相同。其中，粮食生产是种植业和整个农业的基础，因为其不仅是人类必需的生存资料，作为饲料，也为畜牧业的发展提供了基础。人们对种植业产品的需要是多方面的，随着生产发展和收入增加，人们对粮食以外的种植业产品需求大幅度提高，然而，其他作物种植也很重要，并且，他们的生产在一定条件下，可以促进粮食生产发展。有利于充分利用各种资源。

四、选择种植业创新创业的特点

种植业有其自身的特点，选择种植业创新创业，要了解这些特点，并熟练运用。种植业的主要特点是：以土地为基本生产资料，利用农作物的生物机能将太阳能转化为化学潜能和农产品。就其本质来说，种植业是以土地为重要生产资料，利用绿色植物，通过光合作用把自然界中的二氧化碳、水和矿物质合成有机物质，同时，把太阳能转化为化学能贮藏在有机物质中。它是一切以植物产品为食品的物质来源，也是人类生命活动的物质基础。种植业是大农业的重要基础，不仅是人类赖以生存的食物与生活资料的主要来源还为轻纺工业、食品工业提供原料，为畜牧业和渔业提供饲料。同时，种植业的分布和发展对国民经济各部门有直接影响。

中国种植业历史悠久，中国农业中种植业的比重较大，其产值一般占农业总产值的50%以上，它的稳定发展，特别是其中粮食作物生产的发展对畜牧业、工业的发展和人民生活水平的提高，对中国国民经济的发展和人民生活的改善均有重要意义。

1. 作物种类多

我国幅员辽阔。地形复杂，生态环境多样，因此，我国种植的农作物种类很多。品种资源十分丰富，世界上95%的被子植物，在我国均有种植。我国种植农作物主要包括粮食作物、经济作物、工业原料作物、饲料作物，药用作物等。粮食作物以水稻、小麦、豆类、薯类、青稞为主；经济作物以油籽、蔓青、大芥、胡麻、大麻、向日葵等为主；蔬菜作物主要有萝卜、白菜、芹菜、韭菜、蒜、葱、辣椒、黄瓜、番茄、胡萝卜、莲花菜、菊芋、刀豆、芫荽、莴笋、黄花等；果类有梨、苹果、桃、杏、核桃、李子、樱桃、草莓等，野生果类有酸梨、野杏、毛桃、苞瑙、山樱桃、沙棘等。饲料作物如玉米、紫云英等。嗜好作物如烟草、咖啡，药用作物人参、当归、金银花等。

2. 土地资源短缺

我国耕地面积18亿亩，在世界排第4位，仅次于美国、俄罗斯和印度。但是，因为我国人口多，平均到每个人拥有耕地才只有1.39亩，还不到世界人均耕地的一半，在世界排第126位以后。而加拿大人均耕地面积是我国的18倍，印度是我国的20倍。土地是农作物生长发育的基础，受我国耕地面积限制，耕地必须集约化使用，精耕细作，这也成为我国种植业优良的传统特点。在创业时。要注意合理使用土地。最大限度地发挥土地的

作用。

3. 种植业有明显的地域性

植物生长有明显的地域性，要遵循农作物生长规律和特点，因地制宜进行种植业创业，一是把握好某种种植业的区位条件，包括自然条件和社会经济条件；二是要把握在这样的自然条件和社会经济条件下形成的该类种植业的特点；三是还要分析国外类似地区发展种植业的经验。

4. 种植业有明显的周期性

种植业受自然因素影响，呈现一定的周期性和季节性。有的农作物可以一年一熟。也有的农作物可以一年两熟或三熟。有的农作物必须在春季播种。有的农作物在四季均可播种。种植业的创新创业必须遵循和合理利用这些规律。

5. 种植业受自然条件约束较大

种植业是依靠地域自然条件从事农业生产的，因此，受到气候、地形、土壤、水分等多种自然因素影响，比如，温度、湿度、日照、土质、降雨等，其中有些因素是可预测的，或是相对稳定的，如季节、日照时间、气温等，有些是不可预测或是突发的，比如冰雹、狂风、暴雨、干旱、山洪等，这些因素有一定的不可控性，往往会给种植业带来较大的损失。民间有“天种庄稼人做梦”的说法，就是指自然环境的不可控性。

五、常见农作物栽培技术

1. 大豆

中国古称菽，是一种其种子含有丰富的蛋白质的一年生豆科植物。大豆呈椭圆形、球形，颜色有黄色、淡绿色、黑色等，故又有黄豆、青豆、黑豆之称。

种植/栽培要点如下。

（1）中耕培土，有利防治倒伏，排涝及控制徒长。

（2）浇水施肥，遇旱浇水，叶片短小，发黄要追肥（复合肥每亩20千克）。

（3）病虫害防治：此期是大豆叶斑病、成虫病和豆科蝇、蚜虫混合发生期，可用天达2116（豆科专用型）50克加40%氧化乐果85毫升混合兑30千克喷雾。

2. 棉花

是锦葵科棉属植物的种子纤维，原产于亚热带。植株灌木状，在热带地区栽培可长到6米高，一般为1～2米。

种植/栽培要点：

抓好播种，确保一播全苗，是确保高产的第一个环节。播种保苗环节的栽培主攻方向是实现“五苗”，即“早、全、齐、匀、壮”。“早”就是适期播种、早出苗；“全”就是不缺苗断垄、保证计划密度；“齐”就是棉籽萌发出苗整齐一致；“匀”就是棉苗分布均匀一致；“壮”就是棉苗生长稳健、根系生长迅速、最终实现棉花早现蕾开花、早结铃吐絮。

3. 红薯

又称甘薯、番薯、山芋等，旋花科一年生植物。蔓生草本，长2米以上，平卧地面斜上。具地下块根，块根纺锤形，外皮土黄色或紫红色。

种植/栽培要点：

适时早栽是红薯增产的关键，在适宜的条件下，栽秧越早，生长期越长，结薯早，结薯多，块根膨大时间长，产量高，品质好；为提高栽秧质理确保苗旺，栽秧时要剔除“老硬苗”和弱病苗，选用壮苗栽插，栽时最好将大小苗进行分级，分别栽插，使其均衡生长，为防治红薯黑斑病，可用50%的甲基托布津1 000倍液浸秧苗基部2～3寸、10分钟。

4. 甘蓝

属十字花科芸薹属的一年生或两年生植物。除芥蓝原产中国

外，甘蓝的各个变种都起源于地中海至北海沿岸。

种植/栽培要点：

选用适宜的优良品种，适期播种；以幼苗期温度 8 ~ 23℃，莲座期温度 15 ~ 18℃，花球发育期温度 15 ~ 20℃为宜。栽培时要适量施肥，防止肥力过剩。培育适龄壮苗。定植后，春季浇水要适量，勤中耕，提高地温；秋季及时浇缓苗水，降低地温，中耕松土，促缓苗。

5. 南瓜

是葫芦科南瓜属的植物。因产地不同，叫法各异。又名麦瓜、番瓜、倭瓜、金冬瓜，台湾话称为金瓜，原产于北美洲。嫩果味甘适口，是夏秋季节的瓜菜之一。

种植/栽培要点：

（1）选用高产、抗病、抗逆优良品种。

（2）及时整地，施入足够的基肥。

（3）适时播种，保证苗全、苗壮、苗旺，为后期高产打下良好的基础。

（4）花期进行人工辅助授粉，保证坐瓜。

（5）果实膨大期天气变化，合理、适时、适当浇水；密切注意病虫害发生发展，做出正确、及时、合理应对。

（6）适时采收、贮藏、出售。

6. 生菜

是叶用莴苣的俗称，属菊科莴苣属。为一年生或二年生草本作物，也是欧美国家的大众蔬菜，深受人们喜爱。

种植/栽培要点：

根据生菜各生育期对温度的要求，东北、西北的高寒地区多为春播夏收，华北地区及长江流域春秋均可栽培，华南地区从 9 月至翌年 2 月都可以播种，11 月到翌年 4 月收获。1990 年以来，随着栽培设施的发展，利用保护设施栽培生菜，已基本做到分期播种、周年生产供应。

7. 豆角

又叫豇豆，是夏天盛产的蔬菜。含有各种维生素和矿物质等。豆荚长而像管状，质脆而身软，常见有白豆角和青豆角两种。

种植/栽培要点：

豆角可直播，也可育苗移栽，一般都行育苗移栽，通过育苗移栽，可适当抑制营养生长，促进生殖生长，采用营养钵或保温苗床育苗。每亩播种量为2.5千克左右。育苗一般选用大棚，播前应准备好营养土苗床及营养钵。营养土苗床要提前翻耕，播种后，在正常情况下4~7天可出苗，幼苗出土后要及时揭掉地膜，但小拱棚仍要昼揭夜盖。种子发芽期和幼苗期床土不宜过湿，以免降低发芽率，或导致幼苗徒长，甚至烂根死苗。

8. 黄瓜

也称胡瓜、青瓜，属葫芦科植物，为主要的温室产品之一。茎细长，具纵棱，被短刚毛，卷须不分枝。瓠果，狭长圆形或圆柱形。嫩时绿色，成熟后黄色。花、果期5~9月。

种植/栽培要点：

早春1~3月播种，夏秋植6~8月。春播采用浸种催芽后育苗或地膜覆盖直播，夏秋季浸种直播或干种直播均可。浸种催芽在黄瓜播种中普遍应用，用50~55℃温开水烫种消毒10分钟，不断搅拌以防烫伤。然后用约30℃温水浸4~6小时，搓洗干净，捞起沥干，在28~30℃的恒温箱或温暖处保湿催芽，20小时开始发芽。早春小拱棚保温育苗，用育苗杯或苗床育苗，苗龄15~20天（2片真叶）时定植，于晴天傍晚进行，要注意保护根系，起苗前淋透水，起苗时按顺序，做到带土定植，以防伤根。

9. 大麦

早熟禾本科大麦属谷类植物。栽培大麦有大麦3个种：大麦

六列型，其花穗有两个相对的凹槽，每个凹槽著生 3 个小穗，每个小穗着生 1 朵小花，结籽 1 粒。二行大麦为两列型，小穗中有一中心小花，可结籽，侧生小花通常不育。不规则型大麦或称阿比西尼亚中间型，很少栽培，中心花能育，侧生小花能育或不育。

种植/栽培要点：

大麦一般 6 叶以后的分蘖难以成穗，高产要从培育越冬壮苗开始，要求冬至苗达到“456”指标，即单株 4 个分蘖、5 片叶、6 条次生根。精细整地，一播全苗。适宜的土壤水分一般为田间最大持水量的 60% ~ 70%，要求精细整地，做到田平土细草尽播种，尤其是水田大麦整地要求较高，一播全苗难度较大。

10. 红豆

指红豆树，乔木，羽装复叶，小叶长椭圆，圆锥花序，花白色，荚果扁平，种子鲜红色，产于亚热带地区。在古代文学中常用来象征相思。

种植/栽培要点：

选用子粒饱满、色泽明亮、脐白、发芽率在 95% 以上的新种子。剔除不饱满、破残、虫蛀豆粒及其杂质，用清水淘洗，漂去瘪粒，洗净种子。将种子浸入 20℃ 左右的清水中 16 ~ 24 小时，且换水 4 次。浸种结束后，洗去黏液和污物，用湿布包好催芽，种子露白时即可培育。基质厚度为 10 厘米，浇透底水。再把催好芽的种子播在上面，每平方米播 2 千克左右，上覆 0.5 厘米厚的基质。用细眼喷壶溅水，然后盖上塑料薄膜。出苗前一般不再浇水。两天后红豆芽顶出基质，即揭去薄膜。温度应保持在16 ~ 30℃。每天浇水 2 ~ 3 次。水既要浇匀浇透，又不要积水。要保持场所的空气清新。

11. 扁豆

一年生草本植物，茎蔓生，小叶披针形，花白色或紫色，荚果长椭圆形，扁平，微弯。种子白色或紫黑色。嫩荚是普通蔬菜，种子可入药。

种植/栽培要点：

种子适宜发芽温度为22～23℃。植株能耐35℃左右高温，根系发达强大、耐旱力强，对土适应性广，在排水良好而肥沃的沙质土壤或壤土种植能显著增产。走架栽培。扁豆一般直播，整地施肥等与四季豆（架刀豆）相同。中耕、除草与四季豆相同。早熟品种不设支架栽培。先整地、施基肥，做成畦，塑料棚冷床育苗，苗期30天，4月中、下旬定植，行、株距各为40厘米，每穴栽苗4株。

12. 豌豆

属豆科植物，一年生藤本作物，羽状复叶，小叶卵形，开白色或淡紫色的花，果实有荚。嫩荚和种子可供食用。

种植/栽培要点：

豌豆对土壤条件要求不严，各种土壤均可栽培，但强酸性土壤要施用石灰。豌豆最忌连作，至少要行4～5年的轮作。播种前要深翻土壤，每亩施有机土杂肥2 500～3 000千克、过磷酸钙20～25千克、氯化钾15～20千克，最好将化肥同有机肥混合施入。一般作平畦，低尘洼处可作高畦。播前种子可接种根瘤菌。

13. 蚕豆

又称胡豆、佛豆、胡豆、川豆、倭豆、罗汉豆。一年生或二年生草本。茎方形，中心空，花白色有紫斑，结荚果。种子供食用。

种植/栽培要点：

蚕豆忌连作。连作使植株生育不育。蚕豆耐寒，可于2月下旬至3月中旬播种。播种前深翻土壤并适当施基肥，做成1米宽的平畦。每畦种两行，在畦内挖穴，穴深6～9厘米，穴距20厘米左右，每穴点播种子2～3粒，耧平畦面。采收蚕豆嫩荚，可

分次采收，采收自下而上，每 7 ~ 8 天一次，采收老熟的种子，可在蚕豆叶片凋落，中下部豆荚充分成熟时收获，晒干脱粒贮藏。

14. 绿豆

是一种豆科、蝶形花亚科豇豆属植物，种子和茎被广泛食用。根据营养专家分析，绿豆的预防疾病指数为 245.93，生命力指数为 2.87。

种植/栽培要点：

播种时，不能用化肥做种肥，特别是不能用含氮化肥或过磷酸钙拌种。不要在雨前播种。要坚决及时匀苗、定苗，不要贪多，以保证个体发育良好。籽粒需用竹器盛装，由厚到薄逐步晒干，不要在三合土、石板和水泥地曝晒，以免破皮，以防破坏蛋白质结构，影响种子质量和商品质量。种子水分一般要求降到 13% 以下。绿豆干燥后，不宜趁热进仓，应于冷凉后入仓。要注意轮作换茬，多年重茬将严重减产。

15. 荞麦

是蓼科荞麦属的植物，普通荞麦和同属的苦荞麦、金荞麦都可以作为粮食，但荞麦和其他粮食作物不同，不属于禾本科，是一种双子叶植物。

种植/栽培要点：

荞麦对茬口选择不严格，无论在什么茬口上都可以生长，但忌连作。为了获得荞麦高产，在轮作中最好选择好茬口，比较好的茬口是豆类、马铃薯，这些都是养地作物；其次是玉米、小麦、菜地茬口，这些都是用地作物，也是荞麦的主要茬口。

16. 燕麦

又名雀麦、野麦。燕麦一般分为带稃型和裸粒型两大类。世界各国栽培的燕麦以带稃型的为主，常称为皮燕麦。我国栽培的燕麦以裸粒型的为主，常称裸燕麦。

种植/栽培要点：

播种期因地区而异。中国华北、西北、东北为春播区，生育期 80～115 天；西南为冬播区，生育期 230～245 天。燕麦需水较多，而中国主产区又属于旱作农区，因此，通过早秋耕、耙、耱、镇压等办法蓄水保墒极为重要。

17. 薏仁

又名薏苡仁、苡米、苡仁，土玉米，薏米、起实、薏珠子、草珠珠、回回米、米仁、六谷子。禾本科薏苡属。为一年生草本。秆直立，高 1～1.5 米，约有 10 节。

种植/栽培要点：

生物学特性喜温暖、湿润气候，怕干旱、耐肥。各类土壤均可种植，对盐碱地、沼泽地的盐害和潮湿的耐受性较强，但以向阳、肥沃的土壤或黏壤上栽培为宜。忌连作，也不宜与禾本科作物轮作。近年来在潮湿的水稻地上栽培，特别在抽穗扬花期给以浅水层，可显著增产。栽培技术用种子繁殖。

18. 水稻

一年生禾本科植物，高约 1.2 米，叶长而扁，圆锥花序由许多小穗组成。按照不同的方法，水稻可以分为籼稻和粳稻、早稻和中晚稻、糯稻和非糯稻。水稻属须根系，不定根发达，穗为圆锥花序，自花授粉。

种植/栽培要点：

稻米的种植技术，包括稻田和插秧，是在中国发明的。种稻之前，必须先将稻田的土壤翻过，使其松软，这个过程分为粗耕、细耕和盖平三个期间。过去使用兽力和犁具，主要是水牛来整地犁田，但现在多用机器整地了。

19. 花生

又名落花生，是一年生草本植物。从播种到开花只用一个月多一点时间，而花期却长达两个多月。

种植/栽培要点：

秋季前茬收割后，灭茬，秋翻、耙、压后做成新垄。准备地膜覆盖栽培的地块，做成底宽75～80厘米、畦高5厘米，畦面宽65～70厘米的畦，畦与畦中间做成20～25厘米宽，15厘米高的小垄，以备播种时取土用。优先选用经绿色食品管理部门认定的绿色食品专用肥。

20. 油菜

又叫油白菜，苦菜，是十字花科植物油菜的嫩茎叶，原产我国，颜色深绿，帮如白菜，属十字花科白菜变种。直根系。茎直立，分枝较少，株高30～90厘米。

种植/栽培要点：

油菜依生育特点和栽培管理不同，可分为苗期、蕾薹期、开花期和角果发育成熟期。苗期时间长，一般为60～90天。春性强的油菜，苗期较短。油菜的开花期对土壤水分和肥料要求迫切，特别是磷、硼元素尤为敏感。

21. 甜菜

又名萘菜，叶子也是一种蔬菜。是一种两年生草本植物，茎有1～2米高，叶长5～20厘米，叶形多变异，有长圆形，心脏形或舌形，叶面有皱纹或平滑。

种植/栽培要点：

春播区在东北、华北和内蒙古自治区东部为垄作区；内蒙古中、西部和西北地区（甘肃、新疆）为平作区。前作为麦、玉米或豆类，冬季休闲。采用地膜覆盖栽培，有利于获得早苗、全苗和壮苗，促使块根提前达到工艺成熟。条播时每米出苗50株以上，穴播每穴出苗20株以上。出苗后要及时疏苗、定苗。

22. 高粱

禾本科，高粱属。1年生草本。秆实心，中心有髓。分蘖或分枝。叶片似玉米，厚而窄，被蜡粉，平滑，中脉呈白色。

种植/栽培要点：

高粱的种植可分为春作与秋作两种。春作播种期约在农历三月底至四月中旬，时间不宜过早，因早期播种气温低，生长缓慢，遇到寒流易枯死，秋作则选在农历五月下旬至六月下旬之间播种，时间不宜太迟，以免生育中后期遇低温，影响生育而延迟成熟期。

六、冬小麦栽培技术

下面以冬小麦为例，讲述栽培技术。

（一）播前准备及播种技术

1. 播前准备

（1）选购优良品种。选用优种是实现小麦高产高效的关键：冀中南半干旱地和节水栽培区以种植石麦 15、石家庄 8 号为主，中高水肥地选用石新 828、石麦 18、衡 4399、冀 5265、衡观 35、邯 6172、邢麦 6 号、河农 6049、科农 199 等品种为主，种植优质麦选择藁优 2018、藁优 9618、石优 17 和石优 20 等品种。

（2）精细整地、提高播种质量。精细整地是保证苗齐、苗全、苗匀的主要基础措施：玉米收获后要及时秸秆还田，粉碎 2 遍，做到“细、烂”，无作物根茬和杂草；后进行耕、旋，耙透擦平，旋耕深度要达到 15 厘米以上，旋耕 2 遍，达到地面平整、上虚下实、无明暗土。

连续多年秸秆还田的地块每隔 2～3 年深松 1 次，打破犁底层、减少雨季径流，增加土壤储水量，减少耕层秸秆比例，改善耕层土壤物理性状，利于提高整地质量和出苗率，实现苗齐、苗全：要求耕深 20 厘米以上。

（3）足墒播种、保证全苗。足墒播种是确保小麦苗全的关键措施：秋作物成熟晚时，可在成熟前 7～10 天带茬洇地，不要抢墒播种。

（4）施足底肥，培育壮苗。提倡增施有机肥，以利于改善土壤结构，增强土壤保水、保肥能力；化肥施用要根据土壤肥力，掌握“稳氮降磷增钾”原则，科学配方施肥。一般地块在秸秆还田的基础上，亩施腐熟的粗肥2~3方、磷酸二铵20千克、尿素7.5~10千克，缺钾地块应亩施氯化钾5千克，将所有肥料混合均匀后撒施，撒后翻耕。

（5）种子处理、防治病虫害。①选用统精选包衣的良种，或用“杀虫剂+杀菌剂”混合拌种，以防治地下害虫和散黑穗、全蚀病、纹枯病、根腐病等病害。防治地下害虫和小麦纹枯病、根腐病和黑穗病：用50%辛硫磷乳油100毫升+2%立克秀可湿性粉剂150克，对水2~3千克，拌麦种50千克；或用3%敌萎丹250~300毫升+2.5%适乐时100~200毫升对水500毫升拌种50千克。防治地下害虫和全蚀病：用50%辛硫磷乳油100毫升+12.5%全蚀净50毫升对水500毫升拌种50千克。注意：拌种后闷种12~24小时播种效果最佳。

②晾晒：未包衣的种子要多次晾晒，能有效提高发芽率。

③播前要做好发芽试验，以备计算最适宜的播种量。

2. 播种

（1）适期播种。冀中南麦区适宜播期为10月5~15日，自北到南逐渐推迟：石家庄地区最佳播期为10月5~10日。

（2）合理密植。依据地力、播期和品种特性确定适宜播量，是培育壮苗、预防倒伏和实现高产的关键措施：适期播种高水肥地亩基本苗16万~20万，中水肥地18万~22万：晚播麦田和整地质量差的地块应适当加大播量。

（3）播种形式。推广等行全密种植技术是有效利用土地资源、光热资源，减少水分蒸发，改善群个体结构，增加群体、提高穗数、实现增产：生产上提倡等行距播种，行距15厘米左右。

（4）播种深度。调好播种机械，匀速慢走，播种深度般3~

5厘米保水、保肥能力的强黏性土壤、播期晚的地块应适当浅播，保水保肥能差的砂性土壤、播期较早的地块应适当深播。

(5) 播后镇压。播后镇压可以有效地碾碎坷拉、踏实土壤、增强种子与土壤的接触度，有效降低土壤透气性，减少水分蒸发，增强土壤保水能力，促进种子对水分的吸收，提早出苗、实现苗齐，同时，促进根系下扎，增强幼苗抗旱性和抗寒性。

(二) 田间管理

1. 冬前管理

(1) 防治虫害。小麦播种后出苗前用杀虫剂（敌敌畏、吡虫啉或4.5%高效氯氰菊酯）喷雾喷设隔离带，防治灰飞虱、蓟马等害虫一次，出苗后一周内再防治一次。

(2) 及时查补苗。小麦出苗后及时查补苗，杜绝缺苗、断垄。

(3) 搞好杂草秋治。以秋苗期用药效果好，且对小麦安全。冀中南一般在11月上、中旬，小麦分A以后，小麦3～5叶期，禾本科杂草2～4叶期，麦田各类杂草基本出齐苗时进行防治。

(4) 浇好冻水、安全越冬。封冻水可以起到保证小麦安全越冬和争取翌年春管主动的作用。对整地质量好、造墒播种、播后镇压、保墒能力强的麦田可免浇封冻水；对整地质量差、播后未镇压、冬前降雨少、保墒能力较差且种植抗寒性一般品种的麦田，要强调浇好封冻水。灌冻水时间冀中南掌握在11月下旬进行。浇水后视冻融情况及时锄划松土，防止土壤龟裂、跑墒和死苗。

2. 春季管理

(1) 中耕锄划。小麦返青后及时锄划，可起到增温、保墒的作用，有利于小麦生长。对旺苗田深锄划，还可起到控制旺长的作用。

(2) 病虫害综合防治。灰飞虱用吡虫啉或其他菊酯类杀虫

剂防治，纹枯病、根腐病、全蚀病和麦叶蜂、麦蜘蛛用禾果利、粉锈宁、吡虫啉、高氯、苯磺隆防治，吸浆虫用毒土防治。

(3) 化学除草。对于杂草过多地块，秋治不及时的，要在春季补治。

(4) 肥水管理。春季第一次肥水是协调气温与土壤墒情、群体与个体、营养生长与生殖生长等各种矛盾，实现促弱转壮、控制旺长的关键措施。一般在起身拔节期实施。群体小、墒情较差及地力较弱的麦田应适当提前；群体较大、墒情较好、地力壮的麦田适当推迟。

3. 后期管理（抽穗—成熟）

(1) 科学灌水。小麦孕穗、扬花、灌浆期，是需水的高峰期，也是形成经济产量的关键时期，在灌好抽穗扬花水的基础上，后期根据天气降水情况和土壤墒情酌情浇好灌浆水（5 月中下旬）。浇水时应掌握天气情况，做到浇水后 2 天内无风雨，以防倒伏。

(2)“一喷综防”。小麦抽穗扬花后，“保根护叶”延长植株功能期，可有效的提高小麦千粒重。

(3) 叶面追肥、延长叶片功能期：结合“一喷综防”，对早衰麦田喷施尿素，对贪青麦田加喷磷酸二氢钾。

(4) 适时收获、颗粒归仓。适时收获是确保丰产丰收的重要环节，机械收获要掌握在腊熟末期进行。同时，要根据天气变化抢收抢晒，避免收获前灾害性天气对产量和品质造成影响。

七、种植业创新创业要注意规避的风险

种植业创业受自然条件、社会条件制约，在生产经营中常伴有一定的风险，识别、规避、降低这些风险，对种植业创业十分必要。

（一）气候风险

是种植业创业过程中遭遇的各种自然气候灾害，比如干旱、洪涝、霜冻、冰雹、高温、高湿、台风、泥石流等。这些气候风险往往影响面积大，难于控制。

1. 干旱

通常指淡水总量少，不足以满足种植业发展的气候现象，一般是长期的现象，干旱从古至今都是人类面临的主要自然灾害。即使在科学技术如此发达的今天，它造成的灾难性后果仍然比比皆是。尤其值得注意的是，随着人类的经济发展和人口膨胀，水资源短缺现象日趋严重，这也直接导致了干旱地区的扩大与干旱化程度的加重，干旱化趋势已成为全球关注的问题。《气象干旱等级》国家标准中将干旱划分为5个等级，并评定了不同等级的干旱对农业和生态环境的影响程度。

（1）无旱：正常或湿涝，特点为降水正常或较常年偏多，地表湿润。

（2）轻旱，特点为降水较常年偏少，地表空气干燥，土壤出现水分轻度不足，对农作物有轻微影响。

（3）中旱，特点为降水持续较常年偏少，土壤表面干燥，土壤出现水分不足，地表植物叶片白天有萎蔫现象，对农作物和生态环境造成一定影响。

（4）重旱，特点为土壤出现水分持续严重不足，土壤出现较厚的干土层，植物萎蔫、叶片干枯，果实脱落，对农作物和生态环境造成较严重影响，对工业生产、人畜饮水产生一定影响。

（5）特旱，特点为土壤出现水分长时间严重不足，地表植物干枯、死亡，对农作物和生态环境造成严重影响，对工业生产、人、畜饮水产生较大影响。

2. 洪涝

指因大雨、暴雨或持续降雨使低洼地区淹没、渍水的现象。

雨涝主要危害农作物生长，造成作物减产或绝收，破坏农业生产以及其他产业的正常发展。其影响是综合的，还会危及人的生命财产安全，影响国家的长治久安等。洪涝灾害可分为洪水、涝害、湿害。

洪水：大雨、暴雨引起山洪暴发、河水泛滥、淹没农田、毁坏农业设施等。

涝害：雨水过多或过于集中或返浆水过多造成农田积水成灾。

洪涝湿害：洪水、涝害过后排水不良，使土壤水分长期处于饱和状态，作物根系缺氧而成灾。

春涝：主要发生在华南、长江中下游、沿海地区。

夏涝：夏涝是中国的主要涝害，主要发生在长江流域、东南沿海、黄淮平原。

秋涝：多为台风雨造成，主要发生在东南沿海和华南。

3. 霜冻

霜冻在秋、冬、春三季都会出现。霜冻是指空气温度突然下降，地表温度骤降到0℃以下，使农作物受到损害，甚至死亡。它与霜不同，霜是近地面空气中的水汽达到饱和，并且地面温度低于0℃，在物体上直接凝华而成的白色冰晶，有霜冻时并不一定是霜。每年秋季第一次出现的霜冻叫初霜冻，翌年春季最后一次出现的霜冻叫终霜冻，初、终霜冻对农作物的影响都较大。

根据霜冻发生的季节不同，可分为春霜冻和秋霜冻两种：春霜冻又称晚霜冻，也就是春播作物苗期、果树花期、越冬作物返青后发生的霜冻。随看温度的升高，晚霜冻发生的频率逐渐降低，强度也减弱，但是发生得越晚，对作物的危害也就越大。秋霜冻又称早霜冻，秋收作物尚未成熟，露地蔬菜还未收获时发生的霜冻。随着季节推移，秋霜冻发生的频率逐渐提高，强度也加大。

4. 冰雹

也叫“雹”，俗称雹子，夏季或春夏之交最为常见。它是一些小如绿豆、黄豆，大似栗子、鸡蛋的冰粒。当地表的水被太阳曝晒气化，然后上升到了空中，许许多多的水蒸气在一起，凝聚成云，遇到冷空气液化，以空气中的尘埃为凝结核，形成雨滴，越来越大，多了云托不住，就下雨了，要是遇到冷空气而没有凝结核，水蒸气就凝结成冰或雪，就是下雪了，如果温度急剧下降，就会结成较大的冰团，也就是冰雹。

中国除广东、湖南、湖北、福建、江西等省冰雹较少外，各地每年都会受到不同程度的雹灾。尤其是北方的山区及丘陵地区，地形复杂，天气多变，冰雹多，受害重，对农业危害很大。猛烈的冰雹打毁庄稼，损坏房屋，人被砸伤、牲畜被砸死的情况也常常发生；特大的冰雹甚至比柚子还大，会致人死亡、毁坏大片农田和树木、摧毁建筑物和车辆等。具有强大的杀伤力。雹灾是中国严重灾害之一。

根据一次降雹过程中，多数冰雹（一般冰雹）直径、降雹累计时间和积雹厚度，将冰雹分为3级。轻雹、中雹和重雹。

5. 台风

指形成于热带或副热带26℃以上广阔海面上的热带气旋。世界气象组织定义：中心持续风速在12～13级（即每秒32.7～41.4米）的热带气旋为台风或飓风。北太平洋西部地区通常称其为台风，而北大西洋及东太平洋地区则普遍称之为飓风。每年的夏秋季节，我国毗邻的西北太平洋上会生成不少名为台风的猛烈风暴，有的消散于海上，有的则登上陆地，带来狂风暴雨。

（二）生物风险

生物风险是指种植业生产过程中，可能遇到的各种不利生物因素（病、虫、草害、种间竞争等）。病虫草害严重危害农业生产。另外。在粮食作物的生产过程中由于作物的间作、套作、连

作等。若搭配不当也着存在着种间竞争，根际微生物的相互抑制等不利生物因素。

1. 植物病害

植物在生物或非生物因子的影响下，发生一系列形态、生理和生化上的病理变化，阻碍了正常生长、发育的进程，从而影响人类经济效益的现象。

根据病原的种类可分为两大类：非侵染性病害和侵染性病害。植物病害的病状主要分为变色、坏死、腐烂、萎蔫、畸形五大类型。

植物在病原物的侵害或不适环境条件的影响下生理机能失调、组织结构受到破坏的过程，植物病害是寄主植物和病原物的颉抗性共生；其发生和流行是寄主植物和病原物相互作用的结果。农作物和林木的病害大发生，常使国家经济和人民生活遭受严重损失。有些患病作物能引起人、畜中毒。一些优质高产品种往往因病害严重而被淘汰。植物病害的发生和流行，除自然因素外，常与大肆开垦植被、盲目猎取生物资源、工业污染以及农业措施不当等人为因素有关。

2. 植物虫害

昆虫和螨类与植物关系密切，在栽培植物中没有一种不受昆虫为害。人们通常把为害各种植物的昆虫和螨类等称为害虫，把由它们引起的各种植物伤害称为虫害。昆虫是动物界中种类最多、分布最广、适应性最强和群体数量最大的一个类群。

3. 农田草害

杂草是能够在人类试图维持某种植被状态的生境中不断延续其种族，并影响到人工植被状态的一类植物、杂草使农产品的产量和品质降低，同时杂草也是许多作物病虫害的中间寄主。

4. 技术风险

技术风险是指在技术的创新扩散过程中所出现的不稳定、不适应的现象。种植业既受自然环境因素和社会经济条件的影响，又受生物有机体自身特点的影响。所采用的相关科技成果受多学科、多部门的发展所制约。由于种植业的区域性。各区域的光热等条件不同，形成了种植业生产、生态环境的多样性。同一种新技术，新成果，在不同地区推广应用，由于区域生态条件，农民科技素质，其管理水平存在很大差异。会产生不同的结果。所以科技成果推广应用的技术效果在时间、空间上往往具有不稳定性，存在技术风险。

5. 市场风险

市场风险是指在农业科学技术推广中，农业生产经营者生产出来的农产品能否顺利地卖出去或个别劳动能否转化为社会劳动从而能否获利的不确定性。这是市场经济条件下农业科学技术推广的首要的、最大的风险。

6. 决策风险

决策风险是指在种植业创业过程中创业者因决策失误带来损失的可能性。农业结构调整的核心就是种什么，养什么，种多少，养多少的问题，也就是决策问题。创业者可能会因为信息的不完全或误导，也可能因为创业者缺乏科学决策的知识与能力而导致决策的失误。

八、对种植业风险的防范与规避

（一）对自然气候风险的防范与规避

对于自然气候风险的防范与规避，要求种植业创新创业人员要认真学习栽培技术知识和防灾减灾相关知识，加强信息收集与沟通，预防为主，综合防范。

对于干旱灾害，一是要及时掌握旱情预防预报、增强防御能力。增强防御和减轻自然灾害能力，要用不断发展的科学认识自然，用现代科学技术手段防灾减灾，这就要求种植业创新创业者

对土壤墒情的动态变化情况进行实时监测，快速、准确地掌握旱情分布及其演变信息，分析受旱程度和旱情发展趋势。二是要兴修水利，提高水利资源利用效率。要注重水利工程建设，对相关种植区建设配套的水利设施，提高水利资源利用率。三是大力发展节水农业，增强抗旱意识。既要因地制宜增加抗旱水源，又要大力推广节水灌溉技术，扩大有效灌溉面积，培育和推广优良品种。使用保护性耕作技术、冬小麦综合节水技术等节水农业技术。改土渠为防渗渠输水灌溉，改变大水漫灌或大畦大沟灌溉的地方，宽畦改窄畦，长畦改短畦，长沟改短沟，控制田间灌水量，提高灌水的有效利用率，是节水灌溉的行之有效措施。辅设输水管道，实行管道灌溉。使用微喷灌、滴灌、渗灌及微管灌等微灌技术。四是掌握好灌溉时期，实行关键时期灌水。五是利用科学的水土保持方法，改善生态环境，提高土壤涵水量，减少干旱的发生频率。六是要大力使用节水抗旱栽培技术。比如深耕深松、选用抗旱品种、增施有机肥、加强防旱保墒的田间管理、实行地面覆盖保墒等。同时，增强化学调控抗旱措施。①使用保水剂保。水剂用作种子涂层。幼苗醮根，或沟施、穴施，或地面喷洒等方法直接施到土壤中，就如同给种子和作物根部修了一个小水库。使其吸收土壤和空气中的水分，又能将雨水保存在土壤中，当遇旱时它保存的水分能缓慢释放出来，供种子萌发和作物生长需要。②使用抗旱剂。抗旱剂叶面喷洒能有效地控制气孔的开张度，减少叶面蒸腾，有效地抗御季节性干旱和干热风的危害。

对于洪涝灾害，首先，要重视生态环境，加强江河上游水土保持，减少泥沙入江河量。植树造林、种牧草、修梯田、挖蓄水坑和蓄水塘等。在具体栽培上，可采取多措施防洪、防涝。一是实行深沟、高畦耕作，这种方式可迅速排除畦面积水，降低地下水位，雨涝发生时，雨水及时排出。二是在洪涝发生前，如作物接近成熟，应组织力量及时抢收，以免洪涝损失。三是洪涝灾害发生过程中，要利用退水清洗沉积在植株表面的泥沙，同时要扶正植株，让其正常进行各种生理活动，尽快恢复生长。四是洪涝灾害过后，要迅速疏通沟渠，尽快排涝去渍。还要及时中耕、松土、培土、施肥、喷药防虫治病，加强田间管理。如农田中大部分植株已死亡，则应根据当地农业气候条件，特别是生长季节的热量条件，及时改种其他适当的作物，以减少洪涝灾害损失。五是旱地怕涝作物要采取联片种植，做到排灌分家，避免水田和旱田用水相互矛盾。

对于霜冻灾害，可结合栽培技术手段提升地面温度，提高土壤保暖性。一是灌水法。灌水可增加近地面层空气湿度，保护地面热量，提高空气温度。由于水的热容量大，降温慢，田间温度不会很快下降。至于小面积的园林植物还可以采用喷水法，其方法是在霜冻来临前1小时，利用喷灌设备对植物不断喷水。因水温比气温高，水在植物遇冷时会释放热量，加上水温高于冰点，以此来防霜冻，效果较好。二是遮盖法。就是利用稻草、麦秆、草木灰、杂草、尼龙等覆盖植物，既可防止外面冷空气的袭击，又能减少地面热量向外散失，一般能提高气温1～2℃。有些矮秆苗木植物，还可用土埋的办法，使霜冻来临时，不致遭到冻害。这种方法只能预防小面积的霜冻，其优点是防冻时间长。三是熏烟法。是用能够产生大量烟雾的柴草、牛粪、锯木、废机油、赤磷或其他尘烟物质，在霜冻来临前半小时或1小时点燃。这些烟雾能够阻挡地面热量的散失，而烟雾本身也会产生一定的热量，一般能使近地面层空气温度提高1～2℃。但这种方法要具备一定的天气条件，且成本较高，污染大气，不适应于普遍推广，只适用于短时霜冻的防止和在名贵林木及其苗圃上使用。四是施肥法。在寒潮来临前早施有机肥，特别是用半腐熟的有机肥做基肥，可改善土壤结构，增强其吸热保暖的性能。也可利用半

腐熟的有机肥在继续腐熟的过程中散发出热量，提高土温。入冬后可用暖性肥料壅培林木植物，有明显的防冻效果。暖性肥料常用的有厩肥、堆肥和草木灰等。这种方法简单易行，但要掌握好本地的气候规律，应在霜冻来临前3～4天施用。入冬后，可用石灰水将树木、果树的树干刷白，以减少散热。对于室内作物的防冻，可采用加挂防冻幕、加盖小拱棚、在植株上直接铺盖一层地膜、在晚上用花盆将幼苗扣住、增加室内湿度等措施进行保温、增温。

对于冰雹灾害，要开展人工防雹，达到减轻灾害的目的。在多雹地带，种植牧草和树木，增加森林面积，改善地貌环境，破坏雹云条件，达到减少雹灾目的；增种抗雹和恢复能力强的农作物；成熟的作物及时抢收。

对于高温，要分析了解当地高温干旱灾害发生的时空分布规律，调整农业布局。根据高温干旱灾害发生的季节和地区特点，改水作为旱作。选择适合当地的耐高温干旱的品种，适当调整播期，使高温干旱发生的时段处于作物抗高温干旱的生育期。建造农田防护林。可改造农田小气候环境，削弱风速，减少地面蒸发，还可减小径流，防止水土流失，提高空气湿度，降低农作物冠层温度。兴修水利设施，改善农田生态环境。还可安排喷灌设施、滴灌设施、遮阳网等，达到抗旱降温的作用。

（二）对生物风险的防范与规避

对于农田杂草要采取综合治理措施，以“预防为主、综合防治”为指导原则，造就一个有利于农作物生长、发育，有利于保护自然环境资源、优化其他环境要素的生态环境，因地制宜地构筑多种措施相配套的综合防除体系，在经济阈值以内最大限度地降低农田杂草基数、规模和危害。主要治理措施包括农业、机械、物理、生物、化学措施等防治的原则。

对于植物病害防治的原则是：消灭病原物或抑制其发生与蔓

延；提高寄主植物的抗病能力；控制或改造环境条件，使之有利于寄主植物而不利于病原物，抑制病害的发生和发展。一般着重于植物群体的预防，因地因时根据作物病害的发生、发展规律，采取综合防治措施。每项措施要能充分发挥农业生态体系中的有利因素，避免不利因素，避免公害和人畜中毒。使病害降低到经济允许水平之下，获得最大的经济效益。防治方法可分为采用杀菌剂或杀虫剂等化学物质进行的化学防治；利用光或射线等物理能，或建造障壁的物理防治；改变作物品种，栽培时间或环境以减少为害的耕作防治；以利用天敌为主的生物防治等。

九、种植业创新创业项目的推荐

下面推荐几个目前较为流行的种植业项目，仅供创业者参考，项目具体运营情况会因地域、时期、消费群体不同而不同，请认真考察和测算后再确定是否实施。

1. 野菜种植

寻找一块城乡结合处土地，投资种植芦笋、芦蒿、马兰、荠菜等绿色食品，投资小，见效快，市场广，技术含量低，便于掌握。且适应城市消费需要，符合国家菜蓝子工程。

2. 特种玉米

特种玉米是具有较高经济、特色种植营养和加工价值的专用玉米品种，如鲜食玉米、药用玉米、观赏玉米等都属于特用玉米。通过深加工，特色种植特用玉米的终端产品可实现较大幅度的增值，种植效益高。因此有“增值玉米”之美称。

至今世界上对特用玉米的培育、特色种植历史已有 100 多年，其中美国处于全球领先水平。近年来随着粮农增收要求的提高，特色种植以及玉米功用专门化的加强，种植特用玉米今后也是中国玉米产业发展的必然趋势。为此，近年来中国农业、特色种植科研等部门均对特用玉米种植业给予了较大支持。部分领域

已接近和达到世界先进水平，产业已经初具规模。抢占自己的地盘，投资大小丰俭由人，回报可观。

3. 啤酒大麦

我国现在是世界啤酒生产第一大国，每年生产啤酒所需的大麦量在300万吨左右。由于国产啤酒大麦的品质不高，有20%左右还需要进口，这就为国内啤酒大麦种植市场提供了巨大空间。目前，甘肃地区农户种植啤酒大麦共约220万亩，年产量达90万吨。目前，该品种和种植模式已被推广到新疆、内蒙古、青海等地。

4. 种植有机米

有机米只是一个概念，实质是无污染，无化肥，环保安全的100%好米。虽然尚谷农业的寒土地有机米拥有29项有机转换产品认证，但是，控制有机米产出的核心却在于一站式负责，从负责粮食产地的农民绑定最后销售的每一袋米，每一袋米上都会标注所有流程的负责人，一旦发现非真正有机米，立刻可以追溯责任，所以寒土地的有机米，不光有资质认证，更有一整条的责任价值体系。当今中国消费层次是不断提高，需求也更偏向于绿色健康的产品，米每个人都要吃，但是，是不是安全对于一些高端人群就非常重要。他们宁愿购买价格较高的有机米，也不会选择价格低廉的普通米。而且最近送米也成为了一种非常独特的时尚潮流，而有机米就是最好也最有价值的礼物。

5. 种植蛇豆

远处看像蛇，走近看更像丝瓜，这种被称为“蛇豆”的是特种农产品，它兼有食用性与观赏性。项目特色蛇豆株高1.7～2米，生长势、分枝性强，花为白色。蛇豆长1.3～1.7米，长柱形，两端渐尖细，尾端常弯曲成蛇状，表皮浅绿色，肉鲜绿色，肉质松软。该品种整个生育期少病虫的为害，是目前较为理想的绿色植物，市场前景看好。蛇豆由于其种皮厚，播种前应将种子

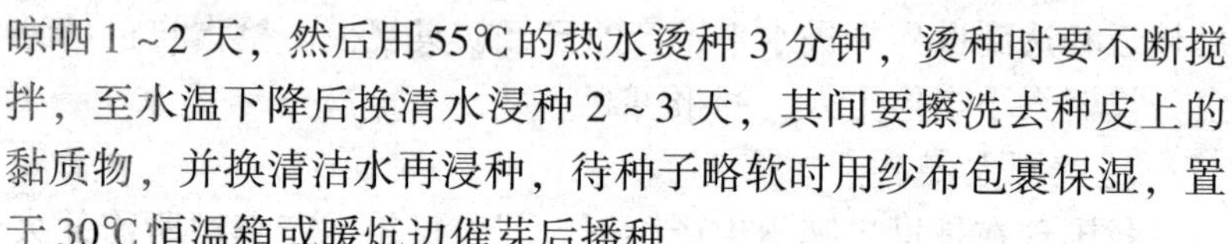

晾晒 1 ~ 2 天，然后用 55℃ 的热水烫种 3 分钟，烫种时要不断搅拌，至水温下降后换清水浸种 2 ~ 3 天，其间要擦洗去种皮上的黏质物，并换清洁水再浸种，待种子略软时用纱布包裹保湿，置于 30℃ 恒温箱或暖炕边催芽后播种。

6. 大棚洋香瓜种植

洋香瓜的黄皮品种有：状元、伊丽莎白、黄大、金太阳、金星、金镶玉等；白皮品种有：雪蜜、台农二号等；另外还有网纹甜瓜，例如：翠宝、伊蜜特等。这些都是具有推广价值的优秀品种，应当视具体的栽培季节和市场要求选择种植。

7. 懒人稻种植

越年再生糯稻俗称“懒人稻”，不需每年播种、插秧，只需栽一次即可多年收割。“懒人稻”生长周期要长近一个月，还有抗倒伏的特性。“懒人稻”米颗粒较小，椭圆形，色白，口感好似东北米。该品种目前已在全国 11 个省市 100 多个县进行试种，累计种植面积达到 2 万余亩，亩产在 600 千克上下，比常规杂交稻略高。“懒人稻”能实现多年收割，关键在于突破了植株的越冬问题。因为少了耕田、播种、栽秧等环节，每亩地每年能节省 500 元左右。经检测“懒人稻”蛋白质含量为 8.7%，而普通大米不到 8%；出米率 72%，超过普通稻谷平均 67% 的出米率。

8. 奶油草莓种植

一颗草莓最大能长到 80 克，售价达到 3 元，堪比 500 克鸡蛋的价格。奶油草莓是日本研发的新品种，三年前被引进到了国内。三王草莓基地负责人池建平介绍说，奶油草莓采摘期较长，从 11 月份可持续到来年的 5 月份。与普通草莓相比，这种草莓每颗可以长到 30 ~ 80 克，不仅个头大，甜度也大大超过普通草莓。种植户可在采摘季时让顾客进棚自己采摘，打造观光农业，从而提高销量。

9. 水生竹叶菜种植

竹叶菜学名为雍菜，是一种在水面上栽植的绿叶类蔬菜品种。该品种口感鲜嫩清甜，且营养丰富，富含人体必需的碳水化合物、脂肪、蛋白质三大营养素和多种矿物质、维生素、纤维素等，其中蛋白质含量比等量番茄高4倍，钙含量更是高出12倍，各种维生素的含量远胜于被誉为“百菜之王”的白菜，是一种营养丰富且具有一定消暑、解毒、生津、消炎等药用价值的绿叶菜。种植业什么前景最好？此外，该品种蔬菜还具有投入成本少、市场效益高、管理简便等特点。

种植水生竹叶菜1平方米成本为10元左右，每次每平方米可采收2.5千克，每年可收获5～6茬，以当前市场价格计算，每亩竹叶菜效益可达2.5万元以上。种植户可采用立体套养的方式，和养珍珠相似，水面下养殖虾或鱼，这样，每年每亩的收入还可以增加1万多元。

10. 贡山草果种植

草果是常绿阔叶林下生长的一种重要经济作物，属姜料（姜科），多年生宿根草本植物。草果既是调味香料，又是常用的中药材，具有燥湿温中、除痰截疟的功能。种植草果适应面积广，受益时间长，省工省时，经济价值又高。同时，发展草果产业，不仅可以充分利用资源，增加农民收入，而且还可以保护常绿阔叶林，涵养水源，保持水土，为农业高产稳产创造良好的生态环境。贡山草果香料含量达到0.83，是普通草果香料含量的两倍以上。草果是阴生植物，不耐强烈日光照射，适宜种植在有树木庇荫的环境，土壤则以山谷疏林阴湿处，腐殖质丰富、质地疏松的微酸性沃土为宜。种植达到一定规模后，可利用条件在草果园中建设农家乐，利用草果园优美的生态环境，增加娱乐休闲项目，达到增收的目的。

11. 低碳环保香椿芽

树上的香椿芽很好吃，但周期很短，只在春天的一两周时间内能吃到。如果能研发出一种一年四季都能栽培的香椿芽，一定能受到顾客的欢迎。在天津、北京等农业院校的专家教授，他们有几十年的芽苗菜栽培经验，对香椿芽这一特色蔬菜也有研究。如今在大棚也可以种香椿芽。一位凭借种植香椿芽致富的专业户，现在每天生产700~800盘香椿芽，还有些供不应求，每盘的利润十多元，他用香椿芽的收入已经买了房子和车子。

12. 新高山葡萄

该品种为高山葡萄变异株中选育出来的新株系。“新高山葡萄”抗病力强、不用套袋，7月中旬转色成熟，可在树上自然挂果2~3个月。由于该品种是闭花授粉，在开花前完成受精授粉过程，恶劣的气候条件对坐果无影响，因此，可以年年丰产。每亩上栽22、33、66株三种方式，成熟时，正处在桃梨结束和柑橘还未成熟的市场空当，是中秋和国庆送礼佳品（价格高）。摘下后，果穗半个月不掉粒，极耐储运。苗价每株26元，30株起邮；百株以上20元，千株以上15元。

13. 红叶菜

红叶菜是蓼科植物，是利用水蓼培育筛选出可食用的品种。其芽苗营养丰富，是风靡东南亚等国的独特蔬菜。其茎秆可作药用，应用范围广泛，红叶菜主要功能有祛风利湿、散瘀止痛、解毒消肿、杀虫止痒，用于痢疾、胃肠炎、腹泻、风湿关节痛等。是深受东南亚国家人民喜爱的食疗菜。红叶菜作为一种食疗菜，能够满足人们的健康消费需求，在国外深受人们的喜爱，而国内也有广阔的市场空间。

14. 灵芝种植

在众多的种植项目中，灵芝种植项目受到了很多人的关注，不仅因为它的投资小、收益快，更重要的是灵芝种植的市场前景

巨大，赚钱绝对没问题。众所周知，灵芝自古以来就被认为是吉祥、富贵、美好、长寿的象征，有“仙草”和“瑞草”之称，中华传统医学长期以来一直视为滋补强壮、固本扶正的珍贵中草药。民间传说灵芝有起死回生、长生不老之功效。因此，选择灵芝种植绝对是一个不错的创业选择。

灵芝种植，快速占据市场，发掘人生第一桶金。灵芝对人体具有双向调节作用，涉及心脑血管、消化、神经、内分泌、呼吸、运动等各个系统，尤其对肿瘤、肝脏病变、失眠以及衰老的防治作用十分显著。入五脏补益全身五脏之气，无论心、肺、肝、脾、肾脏虚弱，均可服之。灵芝所治病种涉及呼吸、循环、消化、神经、内分泌及运动等各个系统；涵盖内、外、妇、儿、五官各科疾病。其根本原因，就在于灵芝扶正固本，增强免疫功能，提高机体抵抗力的巨大作用。它不同于一般药物对某种疾病而起治疗作用，亦不同于一般营养保健食品只对某一方面营养素的不足进行补充和强化，而是在整体上双向调节人体机能平衡，调动机体内部活力，调节人体新陈代谢机能，提高自身免疫能力，促使全部的内脏或器官机能正常化。

灵芝种植，稳赚不赔的好买卖。随着人们对健康的逐渐看重，灵芝这种中药草也受到了重视，而选择灵芝种植对于广大创业者来说，绝对是一个不错的赚钱好方式。

15. 黄肉猕猴桃种植

匀称的果实、漂亮的外观、美味的口感……在四川成都市蒲江县复兴乡，国内首个专利黄肉猕猴桃“金艳”成功挂果及采摘，受到了行家和游客的一致好评。

“金艳”，长圆柱形，果大均匀，外形美观，黄色果肉，细嫩多汁，味香甜，是国内首个受专利保护的黄肉型猕猴桃新品种，是全球优良黄果品种之一。单个重 90 ~ 140 克，比起其他猕猴桃品种，其果实大小更匀称，外形更光洁，商品率达 75%，挂果后成熟时间长，具有极强的早果性、丰产性和耐贮藏性，在常温下可贮藏两个月，因此，经济效益更高。该品种适种于我国的中部、西南部地区和东南部地区。“金艳”果肉中VC含量是苹果中含量的100倍以上，高出同类猕猴桃2倍，是名副其实的“维C之王”。而目前国际、国内市场对于猕猴桃的需求量都很大，因此还可以继续扩大种植规模。

第二节　养殖业

养殖业是利用畜禽等已经被人类驯化的动物，或者鹿、麝、狐、貂、水獭、鹌鹑等野生动物的生理机能，通过人工饲养、繁殖，使其将牧草和饲料等植物能转变为动物能，以取得肉、蛋、奶、羊毛、山羊绒、皮张、蚕丝和药材等畜产品，是农业的主要组成部分之一，与种植业并列为农业生产的两大支柱。

一、概述

本节所述的养殖业，特指畜禽养殖业。主要包括牛、马、驴、骡、骆驼、猪、羊、鸡、鸭、鹅、兔、蜂等家畜家禽饲养业和鹿、貂、水獭、麝等野生经济动物驯养业。它不但为纺织、油脂、食品、制药等工业提供原料，也为人民生活提供肉、乳、蛋、禽等丰富食品，为农业提供役畜和粪肥。

养殖业在经济发展的早期阶段，常常表现为农作物生产的副业，即所谓“后院养殖业”。随着经济的发展，逐渐在某些部门发展成为相对独立的产业。例如，奶牛业、肉牛业、蛋鸡业、肉鸡业、养猪业等。特别是中国共产党十一届三中全会后，养殖业产值占农业总产值的比重按当年价格计算已达到26.6%。

随着相对独立的养殖业产业的出现，又开始分化出一个强大的工业部门，这就是为养殖业及生产服务的各种养殖业投入工

业，包括：机器、设备、兽药、配合饲料等的生产，以及各种养殖业产品的加工业，如肉类加工业、奶品加工业等。因此，广义的养殖业还常常包括为其服务的农工联合企业，如各种种畜禽公司、牧工商联合公司、配合饲料公司等。

世界上许多发达国家，养殖业都很发达，如美国为60%，英国70%，北欧一些国家80%～90%。中国自20世纪80年代以来，养殖业产增长速度远远超过世界平均水平，但养殖业的人均产量或产值，仍低于世界平均水平。发展养殖业的主要途径包括：因地制宜地调整养殖业结构，开辟饲料来源，改良畜种，加强饲养管理，防止疾病，提高单位家畜的生产力；同时增殖家畜数量。

二、养殖业分类与分布

（一）农区养殖业

农区以舍饲为主的畜牧业称农区养殖业。农区养殖业的特点是：①以耗粮型养殖业为主。家畜种类主要是消耗粮食较多的猪、家禽、役畜和山羊等，饲料来源是农产品、饲料粮、秸秆和野草、野菜等，并利用山坡和零星草地放牧。②兼用型养殖业比较发达，如乳役兼用或肉役兼用的养牛业、养马业和养驴业等。③以舍饲为主。除了在农作物收获后进行短期茬地放牧外，其余时间均在畜舍内进行人工饲养。④饲料费用占的比重比较高，一般占畜牧费的65%以上。能充分实现农牧结合，经营管理较为细致，生产水平较高。经营方式主要是农家副业，还有国营牧场和养殖专业户。目前，农区养殖业仍是中国养殖业的主要部分。

（二）牧区养殖业

在草原和荒漠地区，以放牧为主的养殖业称牧区养殖业。家畜主要是草食动物。经营管理粗放，农牧结合不密切，饲草供应季节性波动大，易受灾害性天气的威胁，家畜生产力低而不均衡。中国的牧区位于北部和西部边疆，包括内蒙古自治区、新疆维吾尔自治区、西藏自治区、青海、四川、甘肃、宁夏回族自治区、黑龙江、吉林、辽宁、河北、山西等省、自治区，共有266个牧区、半农半牧区县（旗），面积占全国土地总面积50%以上，牧畜头数占全国牲畜总头数的22%。

（三）草地养殖业

利用草地直接放牧牲畜，或将草地作为饲草刈割地以饲养牲畜的畜牧业即草地养殖业。中国草地按植物群落着生的性质，可以分为天然草地、人工草地、半人工草地3类；从草地的分布情况，可以分为北方草场和南方草山草坡两类。

依据养殖业区划的分区原则与指标，在充分考虑饲料资源、自然环境、饲养技术和社会需要以及民族习惯与生产特点等的地区差异的基础上，中国养殖业划分为七个养殖业地域类型区，即青藏高原区，蒙新高原区，黄土高原区，西南山地区，东北区，黄淮海区，东海区。

三、养殖业创新创业的特点

养殖业有放牧、圈养或者二者结合等方式，主要包括牲畜饲牧、家禽饲养、经济兽类驯养等。养殖业的主要特点如下。

（1）它的扩大再生产同各类畜禽内部的公畜、母畜、仔畜、幼畜的比例有十分密切关系。因此，保持合理的畜群结构，对加快养殖业的发展十分重要。

（2）饲料是养殖业的基础，只有不断解决好饲料问题，才能加快养殖业发展。

（3）养殖业的商品性很高，而产品又不便于运输而且易于腐坏。因此，要求收购、加工、贮藏、运输等方面密切地配合。

（4）养殖业对于自然条件和经济条件有较大的适应性，既可以放牧，又可以舍饲。

由于存在这些特点和要求，因此，发展养殖业必须根据各地

的自然经济条件，因地制宜，发挥优势。

四、常见畜禽养殖技术

（一）养鸡

鸡的饲养方式主要分为平养和笼养两种。

平养指鸡在一个平面上活动。平养又可分为落地散养、网上平养和混合地面饲养。平养鸡舍的饲养密度小，建筑面积大，投资相对较高。目前，我国一般肉鸡才使用这种饲养方式。落地散养又称厚垫料地面平养。直接在土地面或水泥地面上铺设厚垫料，鸡只生活在垫料上面，肉仔鸡较多利用这种形式。离地网上平养为鸡群离开地面，活动于金属或其他材料制作的网片上。网（栅）上铺平塑料网、金属网或镀塑网等类型的漏缝地板，地板一般高于地面约1.2米（以便于掏取鸡粪）。

笼养就是将鸡饲养在用金属丝焊成的笼子中。根据鸡种、性别和日龄设计不同型号的鸡笼，有雏鸡笼、育成鸡笼、蛋鸡笼、种鸡笼和公鸡笼等。笼养的主要优点是能提高饲养密度、节省饲料、鸡不接触粪便，有利于鸡群防疫、蛋比较干净，可消除窝外蛋、不存在垫料问题等。缺点是产蛋量比平养有所减少、投资相对增大、血斑蛋比例高，蛋品质稍差，种蛋合格率低、淘汰鸡的外观较差，骨骼较脆，出售价格较低。

（二）养牛技术

1. 应用肉用牛冷冻精液改良本地黄牛

20世纪70年代以来，我国各省普遍引进国外夏洛来、利木赞、西门达尔等肉牛品种，建立冷冻精液站。在超低温条件下，将精液制成颗粒或塑料细管精液剂型，通过人工授精方法为发情母牛输精配种，杂交后代生长发育快，产肉性能好，18个月龄的改良牛体重可达300多千克，比同月龄本地黄牛提高50%以上。

2. 快速育肥牛

架子牛或丧失使役能力及繁殖能力的老残牛在出售或屠宰之前，通过科学的饲料配方和精心的饲养管理，在80～100天的育肥期内可增重100多千克，从而提高牛的出栏率、出肉率和养牛经济效益。其主要技术关键是：严格选购架子牛，育肥前搞好驱虫和整肠健胃，夏季采取放牧加补饲方法育肥，冬春季节在塑料暖棚中舍饲育肥，充分利用青贮、氨化、微贮等秸秆饲料和酒糟等副产物，适当补饲精料即可。

3. 利用秸秆养牛

牛是草食家畜，能把牧草和农作物的各种秸秆转化为肉、奶等畜产品。秸秆养牛就是将农作物秸秆，如玉米秸、稻麦秸等铡短踩实，装在密闭的窖或池中，经过微生物作用或用尿素、秸秆发酵活干菌处理，提高了秸秆的营养价值和消化率，每4千克秸秆饲料相当于1千克玉米的营养价值，大大降低了养牛成本，同时秸秆通过过腹还田，有利于土壤改良，提高地力，促进粮食增产。

4. 利用非蛋白氮喂牛

牛、羊等反刍家畜能够利用尿素等非蛋白质含氮化合物合成蛋白质。尿素含氮量高达46%，1千克尿素相当于7千克豆饼所含蛋白质的营养价值，而且来源广，成本较低，是解决我国蛋白质饲料短缺的有效途径。尿素喂量一般按体重计算，每100千克体重喂量为20～30克。一般成年牛每头日喂量已不超过100克为宜。主要技术要点是：喂量准确，训练采食，搅拌均匀，分次喂给，不可饮服，喂后2小时内严禁饮水，发现中毒用糖、醋解救也可按0.3%～0.4%添加秸秆中制成尿素青贮饲料喂牛。

5. 利用瘤胃素喂牛

瘤胃素又称莫能菌素，能控制和改善瘤胃发酵时挥发脂肪酸的比率，提高日增重和饲料消化率。育肥牛添加瘤胃素，日增重

及饲料利用率可提高10%～15%。每头每日用纯品瘤胃素100～360毫克，没有停药期，可一直喂到屠宰体重。用前可制成预混料。方法是取瘤胃素250克（含纯品60克/千克）与玉米面100千克充分混合制成预混料（含瘤胃素150毫克/千克），饲喂前将预混料与混合料充分拌匀，每日投喂1次。

6. 利用阿福丁（虫克星）驱虫

该药是由中国农业大学研制生产的一种高效、广谱、低毒、安全的新型驱虫药。对牛、羊等多种畜禽体内线虫及体外螨、蜱、虱、蝇蛆等体内、外寄生虫同时驱除，增膘效果显著。该药分针剂、胶囊、粉剂和片剂四种剂型，使用方便。

（三）养羊

1. 羊圈的建造

要离村庄一定距离，交通方便，光照较充足，野生牧草生长茂密，具有充足的饮用水，坡度在45°以下，每亩立竹量在100根左右。同时要考虑到羊群对周围农作物可能造成的负面影响。

羊圈的建造位置宜选在避风平坦，高燥向阳，排水方便，坐北朝南，呈长方形布局，用土墙或砖木及水泥瓦或石棉瓦等建造高2～2.5米的楼台漏缝地板式羊舍，大小长度以养羊数量及发展目标而定。

一般羊舍要求门宽3米，占有面积1～1.2平方米/只，羊床离地1.5～1.8米，羊床用7～10厘米宽的竹片铺钉平整，竹片间留1～1.5厘米宽的间隙。舍内设怀孕母羊栏、哺乳带羔栏和肉羊栏等分类围栏，并安装草架和水料槽。舍外设有运动场，并在运动场一端搭建凉棚，设置草架和水料槽，周围用围墙或围栏围起。

2. 品种选择与羊群结构

要选择对高山陡坡环境适应性强，生长性能好、饲养周期短、经济效益高的品种。一般选择多胎、母性好、早熟、四季发情、个体较大的本地山羊为母本，与优质公羊如南江黄羊、波尔山羊等杂交。群体不宜过大，饲养规模必须从面积、草质、草量以及自身的资金、管理经验等实际出发，不能盲目求大，急功近利。一般规模以 100 ~ 150 只/群为宜。羊群中要以繁殖母羊为主，母羊比例要达到65% ~70%，其中，能繁母羊占50%以上，公母比例1：（20 ~30），公羊要定期更换，避免出现近交。

3. 饲养管理技术

为合理利用草地资源，提高载畜量，减少寄生虫病感染机会，要将放牧的依据地形地势及不同季节中牧草生长情况，利用坑沟、山岭、道路等把划分成若干片区，每个片区放牧 3 ~5 天，然后让它休养 30 ~40 天后再重新轮回放牧利用。一般草地每667 平方米可供放牧 2 ~ 3 只羊/天，经套种牧草的每 667 平方米（亩）可放牧5 ~7 只羊/天。山羊一般不会啃吃或践踏竹笋，但在牧草萌发迟、生长慢或牧草稀疏时，每年的惊蛰至谷雨出笋期，不宜安排放牧，以免羊吃不到草而去啃咬竹笋。羊一年四季均可放牧，但在不同的季节，由于气候特征、草质草量和羊群的体况不同，要分情况、区别对待。每年 12 月至翌年 4 月，因气候多变、寒冷，可采食的牧草少，且母羊大多处在怀孕或产羔哺乳期。要选择在羊舍附近、背风向阳的地，以便气候突变时能及时将羊群赶回羊舍补饲。为安全度过关键时期，放牧要晚出早归，出牧前取好给羊群补饲的干草。无补饲条件的，每天先把羊群赶到有枯草的地方放牧，然后再放到有青草的地。清明过后，天气逐渐转暖，牧草返青，放牧要早出晚归，逐步加大放牧距离，让羊尽量吃饱。5 ~11 月的夏秋季节，牧草丰茂，且开花结籽，营养价值高，是抓膘的好时机，但天气炎热，竹林蚊虻多，对放牧不利。因此，应选择在山顶或地势较高、饮水方便、通风良好的地。放牧要早出晚归，充分利用早晚凉爽，中午因天热，应把羊赶到圈里或通风、竹林较密的地方休息。蚊虻在傍晚时活

动猖獗，16：00 后应将羊群赶到开阔通风的地放牧，或赶到其他草地上放牧，切不要在低洼、潮湿的竹林里放牧。霜降过后，天气转凉，为防止羊吃霜露草，应晚出早归，中午不休息。有条件的养羊户，最好做到公母、成幼分群放牧，对于混群放牧的羊群，在放牧时要管好公羊，注意照顾好怀孕母羊和羔羊。放牧时要稳走、慢赶，出入圈门时要防止拥挤。刚出牧时要采取"一条鞭"方法放牧，到达放牧地待羊群自然散开自动吃草时，改为"满天星"放牧法。放牧间要经常查看羊群，发现卧地休息的羊只，要勤加吆动，促其多采食，尤其是羔羊更要注意，以防着凉而引发感冒和腹泻。同时，要注意观察母羊发情情况，及时配种。

保证充足的饮水和啖盐，山羊的日饮水量为 3 ~ 5 升。供饮用的水质要洁净，同时要避免羊只空腹饮水和饮用污水、冰碴水，尤其是妊娠母羊和羔羊。最好是前晌放、后晌饮，冬天饮温水，夏天饮井水。山羊每只每日需食盐 5 ~ 15 克，食盐可单独放在食槽或专用盐槽里让羊自由舔食，也可加入精料中或饮水中搅拌均匀。

除四季放牧外必须补饲，尤其是配种季节的种公母羊、妊娠及哺乳母羊和羔羊，不能单纯依靠放牧，必须给予适当补饲，增加营养。补饲除补给精料外，还要添加骨粉等矿物质和微量元素，以及干草、青绿多汁饲料等。补饲要做到草在出牧前，料在归牧后；料入槽，草上架，少喂勤添，不喂发霉变质、冰冻料草。

4. 精心肥育，适时出栏

每年的秋季要及时将当年出生的去势公羔和失去繁殖价值的母羊集中进行肥育 3 ~ 4 个月，待冬季羊肉消费旺季时出售，这是缩短饲养期，加速羊群周转，减轻草地压力，改善羊肉品质，是提高养羊效益的有效途径。肥育前驱虫、健胃和防疫，前期以放牧为主，抓好秋膘，降低成本，最后1个月减少运动，按羊只的年龄、个体大小、公母等分圈补饲，每圈10～20只，每天每只羊补给精料0.5千克左右，以及适量的食盐、骨粉和添加剂，让羊饮足水。有条件的，夜间再供给一些青干草或青绿饲料让羊自由采食；最后1周舍饲，少量多次饲喂优质青干草、青绿多汁饲料和精料。当羊肥育到用手触摸其背膘、大腿、腓节感到有肉重感时，根据市场行情，分期分批出售。

五、养猪技术

下面以养猪为例，介绍养殖技术知识。

（一）进猪前的准备

1. 猪舍的清洁和消毒

新猪圈用清水冲洗干净，不留任何杂物。冲洗干净的猪圈用甲醛进行熏蒸消毒。封闭所有的门窗，包括天窗。用高锰酸钾+福尔马林/立方米进行熏蒸，24小时后再开门通风。通风之后再干燥5天方可进猪。

2. 猪舍面积的准备

每头猪按0.8平方米的面积准备足够的猪栏。公猪要单独关放。不同来源的猪不能关放在同一栋猪舍内。

3. 饲料的准备

按每头猪2千克/天的采食量准备半个月的饲料（使用中猪料），尽量购买大公司的饲料，另外，准备小猪料一袋（适用于15～30千克的猪）。

4. 药品的准备

青霉素、氨基比林、痢菌净针剂、土霉素粉、先锋V号等。

5. 简单医疗器械准备

20毫升金属注射器3把，输液管10根。

16∶25的针头10盒缝合针（小号）10根。

16∶38 的针头 10 盒缝合线（羊肠线）1 筒。

12∶25 的针头 10 盒手术刀 2 把。

6. 疫苗的准备

猪瘟（弱毒苗），口蹄疫（浓缩苗），伪狂犬（灭活苗），细小病毒（灭活苗），蓝耳病（灭活苗），头份数根据进猪的头数来定。

7. 工作服及器具

工作服、胶鞋、扫把，铁锹及运粪车等。

（二）新进猪的隔离和适应

1. 隔离

在独立设施中对动物在被引入主群体之前进行圈养，防止新进猪带来一些经济危害很大的疾病。隔离的时间至少 2 周。

2. 适应

使新进的种猪能适应原有猪群的微生物环境；使原有猪群能与新进猪在微生物环境上达到平衡；使新引进的种猪适应猪场的生产要求。

（三）规模养猪技术

1. 生产特点

规模养猪是指生产单位或专业户综合运用场舍、农业、经营管理、畜牧兽医等科学技术，达到优质高产的经济养猪效果，提供大量物美价廉的商品猪肉。规模养猪经营规模扩大，专业化、集约化程度提高，猪群生长肥育迅速，出栏周转加快，增重耗料下降，栏舍利用率高。我国人口众多，劳动力资源丰富，但人均资源缺乏，规模养猪应重视经济效益，社会效益与生态效益。

2. 经营规模

假定一个年产肥猪 1 万头的养猪场，按每头出栏重 100 千克，屠宰率 75% 计算，则年产猪肉可达 75 万千克左右，平均每月可出栏肥猪 800 头以上。经营规模在一定时期和范围内，与自然、经济、技术、社会等因素有着密切联系。特别是饲料资源的多少，质量的好坏对经营规模有着相当重要的作用。

3. 饲料加工

规模养猪单位必须根据生产规模与远景任务，建设相应规模的饲料加工厂。假设一个年产肥猪 1 万头的养猪场，出栏头重 100 千克，每增重 1 千克需精料 3 千克，则每头肥猪共需精料 300 千克，总计 300 万千克。全场要饲养种母猪 500 头，每头年产 2 胎，成活仔猪 20 头，在人工授精条件下，公母比例按 1∶100计算，需养公猪 5 头，每头种猪每年约需消耗精料 0.1 万千克，全年共需 51 万千克。所以，全场共需精料 350 万千克左右。

4. 科学管理

规模养猪生产中的科学管理，是合理组织生产、提高工效、多出产品、降低成本的中心纽带。科学管理首先要制定好年度生产计划，安排好各部门之间的分工负责，协调配合，制定工作定额与岗位责任制。要求做到品种标准化、日粮标准化、饲养科学化。每个生产环节，必须衔接协调。定期公布各组生产进度、完成任务、产值与成本等情况，以便人人心中有数。

5. 防疫制度

规模养猪是猪群高度密集的场所，必须十分重视卫生防疫制度。主要包括：彻底消毒制度（净化环境，防止病原入侵）；定期防疫制度（疫苗种类、防疫时间）；定期驱虫制度（驱虫药物、时间）；紧急防疫制度（隔离封锁、病原确诊、采取措施）等。贯彻“以防为主，综合防治”的方针，做到严格检疫、严格消毒、定期免疫。

（四）农村科学养猪实用技术

1. 选择优良品种，优化商品猪杂交组合

我国地域辽阔，地理、气候条件差异很大，猪的地方品种繁

多，多达数十个。从肉质划分，有脂肪型、瘦肉型，肉脂兼用型猪。脂肪型猪一般是指国内的地方品种，瘦肉占胴体35%～45%，如滇南小耳朵猪、全华猪、内江猪、两广小花猪；瘦肉型猪是指从国外引进的优良品种，瘦肉占胴体60%～65%，如长白猪、大白猪、杜洛克猪；肉脂兼用型猪指用进口的良种猪作父本，地方良种母猪作母本杂交产下的后代，即杂交猪。目前，大部分农村饲养的猪大部分属于此类型。这种猪抗病力强、生长快，饲料利用率高，瘦肉多。我们在具体选苗时，要挑选个大、脚高，体格匀称，用手触摸耳根无发热，身上无红点，无拉稀，采食正常的健康猪。

2. 选择优良饲料

要养好猪，首先应了解猪的营养需要及其功能，同时还要学会识别真假、好坏的饲料，为猪准备新鲜、营养全面的优质饲料。猪维持生命、生长和繁殖所需的营养物质包括六大类，即蛋白质、脂肪、碳水化合物、矿物质元素、维生素和水。除水之外，所有养分都只能通过饲料提供。饲料一般分为蛋白饲料和能量饲料，含粗蛋白20%以上的为蛋白饲料，20%以下的为能量饲料。蛋白饲料主要有动物体：如鱼粉、蚕蛹；副产品：如血粉；植物豆类及饼粕：如黄豆、花生饼、豆粕等；能量饲料主要有植物粮食类：如玉米、麦类、米糠、木薯等。衡量饲料的营养高低主要以粗蛋白含量为准，育肥猪对饲料粗蛋白的含量要求一般在14%～18%。碳水化合物是植物饲料的主要成分，分解吸收后供给猪体热能；脂肪同碳水化合物一样，在猪体内的主要功能是氧化供给热能；维生素是饲料中所含的一种微量物质，在猪体内既不参与组织和器官的构成，又不供热能，但却是猪生长过程中不可缺少的物质，一般青绿饲料中含维生素较多；矿物质元素（即无公盐，如铜、铁、锌、钴、锰）等，是猪体生长所必需的，参与骨骼、毛发、蛋白、肌体的正常合成与生长；水尽管不是营养物质，但它的作用非常大（猪体60%左右是水），只有在有水的情况下，细胞才能进行正常的新陈代谢，因此，要根据饲料种类、天气冷热等不同情况供给适量的水。要选择那些新鲜的、没有发霉、没有掺假的饲料。发霉的饲料大家一看一闻就知道。如何识别真假，主要看有无掺假，如麦片里面加米糠，加粉碎后的秸秆、花生饼里掺大米粉混压、玉米粉里加木薯粉等，再者就是看杂质多少，是否混筹混级。

3. 改旧式猪圈为三结合卫生圈

改人、畜共居为人、畜分居，猪圈、猪粪水、人厕、沼气三结合的卫生圈，这样也可避免一些疾病的发生。猪栏的建设，要选在相对地高一处、背风向阳、通风良好、便于排水排便。猪栏的大小按1头猪占地1.2平方米设计，食槽长度按每头40厘米设计，地平按拉便一侧低、其他三角保持一定斜度辅面，这样便于打扫卫生和冲洗干净。

4. 改进喂养方法

（1）改熟喂为生喂。传统的饲料方法是把饲料煮熟喂猪，饲料在煮熟的过程中，其高温会破坏一部分营养成分，特别是维生素大部分被损失掉了。如煮食不当，还可能引起亚硝酸盐中毒，导致猪只死亡。饲料生喂，既保证营养成分不被破坏，又能节省人力和燃料，还可防止亚硝酸盐中毒。除马铃薯、芋头、南瓜、木薯含淀粉高的饲料煮熟喂有利消化外，其他饲料均可生喂。

（2）改稀喂为干湿喂。养猪有干喂、稀喂和干湿喂法。干喂需很多唾液和胃液浸湿饲料，容易引起咽喉炎和使猪呛鼻；稀喂看起来猪吃得很饱，但长势却很差，因为一是水多了冲淡胃液不利于消化。二是水太多增加内脏负担，排泄快，排泄量大，影响饲料消化吸收。三是水多营养不够，不能准确掌握喂量。干湿喂法，浓度一般像粥一样，喂料后胃液能很好起到分解作用，促

进饲料的消化、吸收，使猪生长快，报酬高。

（3）改喂单一饲料为喂混合饲料。传统的喂法是有什么饲料就喂什么饲料的单一喂养，导致营养不全面、猪长势慢、料利用低。改为混合喂养，就是把多种饲料合理搭配，混合在一起喂。既充分利用已有的饲料，又补充一些其他饲料，营养全面了猪就会快速生长，也就提高了养殖效益。

（4）改随意喂养为定时定量。传统的喂养方法是什么时候想喂就什么时候喂，想喂多少就喂多少，改为定时定量饲喂后，既使猪产生良好的条件反射利于生长，又保证营养需要促进快速生长。一般什么时候喂猪要有相对稳定的时间，喂量要适当，喂多了造成浪费，喂少了影响生长。要注意消除两种误解：一种是认为喂得越多越饱长得越快；另一种是该加量时不加量，怕猪吃多了会亏本。具体喂多少料，一般按体重确定日喂量：小猪（30千克以上）按体重的5%给料；中猪（30～60千克）按体重的4%给料；大猪按体重的3%给料。喂量是否准确，应观察猪的睡觉、拉大便情况，再根据猪的消化功能强弱对确定的日喂量进行适当的增减。猪吃食干净且睡觉说明喂量刚好；有剩料猪又睡觉说明给料多了，应适当减料；既无剩料又不睡觉，说明给料少了应适当加料。喂量确定后一般3～5天猪长大一点了应适当加一次量。喂猪的程序（有青饲料情况下）为先喂混合的精饲料，然后再喂青绿饲料，最后保持一定的洁净水。

5. 适时屠宰

肥猪生长体重达90～110千克时为屠宰或出售适宜期，如果超过时期不屠宰或不卖，猪吃的饲料多，日增体重小，影响经济效益。

六、养殖业创新创业要注意规避的风险

当前养殖业面临很多风险，但主要有以下五大风险。

（一）经营管理风险

养殖是一项看似简单却又复杂的工程，有许多关键性的问题，解决好就可以获得成功，反之就会导致失败。同时，应杜绝有一夜暴富的心理，天上掉不下来馅饼，如果有一口吃成胖子的思想，很有可能半途而废，建议每一个欲从事养殖的朋友，都应做好脚踏实地，吃苦耐劳的准备。

（二）技术风险

养殖任何一种动物，首先要通过侧面或书本资料了解一些有关该动物栖息环境、繁殖情况、疾病防治和有关注意事项。对于规模较大的、养殖一种或多种动物，应先派饲养员外出培训，待掌握了一定的技术再发展。如果不想外出培训，仅想凭主观思想，通过看书本资料摸索，那么就应该从小规模做起，不断总结经验，等自己技术熟练丰富后，再进行大规模养殖。

（三）疫病风险

近几年来，随着外来品种引进的增多和畜禽市场流通的加大，疫病的发生已越来越频繁，流行也越来越快。疫病的发生呈复杂趋势，综合感染的多，难以防治的多。

（四）市场风险

市场风险对养殖业的影响很大。多年的畜牧业发展证明，其发展轨道呈波浪式，然而，很多养殖企业在应对市场低谷时束手无策，甚至倒闭关门。只有积极采取措施，从多方面着手才能有效缓解市场风险带来的压力，在养殖业低谷时才能站稳脚，有效推进养殖业发展。

（五）政策风险

政策风险来自于国家宏观政策和地方政府发展规划可能与养殖业利益相冲突。土地、环保方面，经济越发达地区，对环保要求越高，对土地渴望越强烈，就越不欢迎养殖业，原因很简单，养殖业富民不强官。这种情况下决定中国99%的养殖场可能都

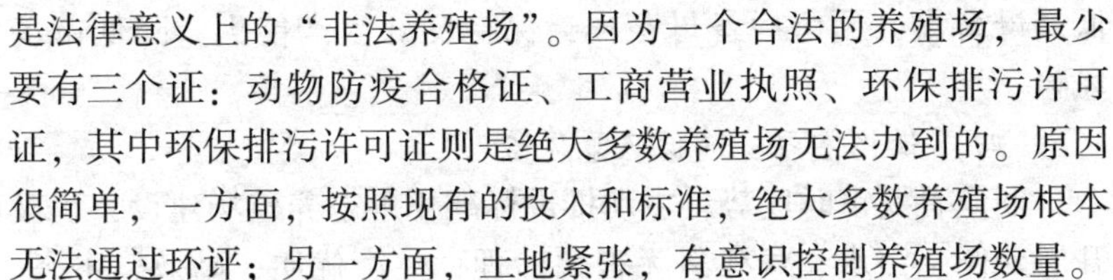

是法律意义上的“非法养殖场”。因为一个合法的养殖场，最少要有三个证：动物防疫合格证、工商营业执照、环保排污许可证，其中环保排污许可证则是绝大多数养殖场无法办到的。原因很简单，一方面，按照现有的投入和标准，绝大多数养殖场根本无法通过环评；另一方面，土地紧张，有意识控制养殖场数量。

（六）舆论风险

近几年，随着食品安全事件频频暴发，舆论对养殖业的影响日益加剧，且显示出无与伦比的杀伤力。食品安全事件，一大部分是行业自身监管不力造成的，也有一部分是其他行业、媒体、社会舆论等炒作造成的。但不管怎样，一旦某个产品或行业遭遇舆论聚焦性抨击，消费者的信心丧失，价格必然暴跌，全行业必然集体为之付出惨重代价。瘦肉精事件、三聚氰胺事件以及猪流感风波、速生鸡风波、人感染 H7N9 流感风波等都是例子。

七、对养殖业风险的防范与规避

（一）强化管理，科学养殖，解决技术风险和经营风险

创新创业者要“练好内功”，坚持自繁自养，选择适宜品种，建造标准畜禽舍，使用优质饲料，规范饲养管理，注重环境卫生，增加科技含量，降低生产成本，树立品牌意识，提高市场占有率，从根本上解决盈亏问题。要科学管理，精细管理，认真学习国内外先进的管理经验和管理方法。畅通信息渠道，多了解经营管理信息，做到心中有数。

（二）强化防疫，降低疫病风险

创业者要加强疫病防控，注重消毒、免疫、保健，降低疫病风险。

（三）强化预警，降低市场风险

创业者要最先加入行业信息协会，经常浏览网络，密切关注价格、生产、供求等监测预警信息，适时出栏，及时补栏，淘汰

低产母畜禽，预留后备母畜禽，保持良好生产能力，降低市场风险。

（四）强化学习，降低政策风险

创业者要审时度势，主动推进标准化生态养殖场建设，积极开展粪便、污水、病死猪无害化治理，生产优质、高效、生态、安全产品。

（五）注重安全，降低舆论风险

创业者要审时度势，主动推进标准化生态养殖场建设，积极开展粪便、污水、病死畜禽无害化治理，生产优质、高效、生态、安全产品。

八、养殖业创新创业项目推荐

下面推荐几个目前较为流行的种植业项目，仅供创业者参考，项目具体运营情况会因地域、时期、消费群体不同而不同，请认真考察和测算后再确定是否实施。

1. 特种野猪养殖

经杂交、驯化、改良后的特种野猪，基因稳定，既保持了野猪瘦肉率高（为85%，是家猪的两倍）、抗病力强、适应性广、食性杂、耐粗饲等优势，又克服了野猪季节性发情，产仔少、生长慢、不易饲养及家猪疾病多等缺点，是目前新兴热门的特养品种之一。目前，野猪生产已实现商品化，市场十分紧俏，毛重批发价高达28~45元/千克，即使是普通乡镇每千克也达20元，广州、香港、上海、北京、深圳等各大城市更是乐观。目前，国内养殖数量极少，野猪作为家猪的换代品种，市场极为广阔。

2. 野兔养殖

野兔以其清香、美味、绿色食品而深受消费者青睐，现60~70元/只仍供不应求，且国内的饲养量极少，远远无法满

足市场需求，自 2012 年以来，市场每千克野兔价格一直保持在 26 元左右，且常常有价无货。尤其是我国已加入世贸组织，销售渠道增多，兔肉将成为对外出口的主打畜产品之一，其市场前景十分看好，而且主食青草，成本极低，成为城乡人们投资的新热点。

3. 白山鸡养殖

白山鸡体重 1.1～1.6 千克，羽毛洁白，年产蛋量 120 枚左右，可规模化养殖。当前市销价很高，24～30 元/千克。困难寻种源，发展白山鸡养殖，预计能获得丰厚利润。

4. 蓝孔雀养殖

是一种肉质鲜美的高档美味佳肴，得到了国内外嘉宾的极力赞赏和好评。目前，市场每千克孔雀肉售价 150～200 元，而且具有极高的观赏价值，制作的孔雀标本国内每架售价 5 000元以上，出口价更高达 1 万元以上。目前，国内孔雀养殖企业不多，产业化开发前景广阔。

5. 绿壳蛋鸡养殖

特征为“五黑一绿”，即黑毛、黑皮、黑肉、黑骨、黑内脏，极具滋补价值，更为奇特的是所产蛋为绿色，蛋白浓厚、蛋黄呈橘红色，含有大量的卵磷脂、维生素及微量元素等，为世界罕见珍禽，目前绿壳蛋市场售价每枚 2 元左右，商品鸡 40～60 元/只，现国内存栏极少，正是抢先发展的好时机。

6. 山鸡养殖

我国人工驯养山鸡始于 20 世纪 70 年代后期，是目前开发最成功的著名特禽。自 2005 年冬季以来，山鸡市场价格持续升温，商品销价达 20～35 元/千克。特别是用山鸡剥制的动物标本是高级工艺装饰品，每架售价 280 元以上。专家认为，目前广东、上海商品山鸡每年需求 4 400万只，而仅能供应 200 多万只，今后几年内将供不应求。

7. 鹧鸪养殖

我国自20世纪80年代引入以来，发展迅速，近几年全国鹧鸪饲养总量已超过1 000万只，市场行情一直看好，保持在18～20元/只，产销两旺。上海、广东、港澳市场年消费鹧鸪可在1亿只左右，一般中小城市的需求也很旺盛，在西欧、东南亚市场货源紧缺，十分畅销，今后将平稳发展。2010—2013年鹧鸪养殖业再次陷入低谷，成鸪市价跌至5～7元/只，雏鸪0.5～0.8元/只。近期成鸪市价已回升到10～13元/只，雏鸪2.5～3.5元/只，市场需求见旺，且货源短缺，预计成鸪市销价可能要突破14元/只。

8. 黑凤鸡养殖

我国1994年开始推广饲养黑凤鸡。红火了4年后，2012年市价趋向平稳，成鸡市价7～10元/千克。近两年饲养量减幅较大，导致鸡源少，市价回升，现在市价12～14元/千克。

9. 肉驴养殖

据了解，目前国内市场整张驴皮价格已升至1 500元以上，驴肉价格也达到每千克40元以上，均创历史新高。而缘于驴皮价格暴涨，阿胶需求不断增加，近年来阿胶产品也频繁调价。据了解，加上最近这次提价，目前，山东东阿阿胶的出厂价已从每千克1 656元提高到每千克2 534元，近三年涨幅达到两倍以上。对于阿胶行业来说，随着消费者健康意识的提高，中国老龄化加剧所带来的滋补保健品需求的快速增长，将是产业发展的坚实基础，加之，国家对中药产业的大力保护与扶持，未来阿胶的市场前景将更加广阔，肉驴养殖业前景无限。

10. 肉鸽养殖

自2004年10月起，市场乳鸽短缺，市价一路攀升，批发价11～12元/只，市销价13～16元/只，目前，预计鸽业将进入扩展期，乳鸽市销价将会升至15～18元/只。

11. 香猪养殖

香猪作为高级滋补食品，具有蛋白质含量高，钙、磷、铁等矿物质含量丰富等特点。香猪具有皮薄肉嫩、蒸煮易烂、营养丰富、香味浓郁的特点，就连刚断奶的仔猪烤食，也无膻味、无腥味，不加任何调料仍然是香味扑鼻，因此，深受消费者的青睐。

第三节　水产养殖业

水产养殖是人为控制下繁殖、培育和收获水生动植物的生产活动。一般包括在人工饲养管理下从苗种养成水产品的全过程。广义上也可包括水产资源增殖。水产养殖有粗养、精养和高密度精养等方式。粗养是在中、小型天然水域中投放苗种，完全靠天然饵料养成水产品，如湖泊水库养鱼和浅海养贝等。精养是在较小水体中用投饵、施肥方法养成水产品，如池塘养鱼、网箱养鱼和围栏养殖等。高密度精养采用流水、控温、增氧和投喂优质饵料等方法，在小水体中进行高密度养殖，从而获得高产，如流水高密度养鱼、虾等。

一、概况

中国淡水养殖历史可追溯到公元前 11 世纪。公元前 5 世纪已有《养鱼经》问世。淡水养殖主要有两种类型：一是池塘精养鲤科鱼类，以投饵、施肥取得高产，并将各种不同食性的鱼类进行混养，以充分发挥水体生产力。二是在湖泊、水库、河沟、水稻田等大、中型水域中放养苗种，主要依靠天然饵料获得水产品。目前，全国淡水养殖面积约 6×10^6 公顷。

中国淡水养殖对象除传统的鲤科鱼类外，还增加了虹鳟、银鲑、白鲫、罗氏沼虾、中华绒螯蟹、淡水珍珠贝等。人工繁殖技术和网箱培育方法的采用，为养殖提供了大量苗种。

中国的海水养殖也有较久的历史，宋代已有人工培育珍珠、插竹养牡蛎和藻类养殖的记载。目前，我国海水养殖面积已达2 200千公顷，包括海带、紫菜、贻贝、牡蛎、蛏和蚶。此外还养殖鲻、鲮、鲈、遮目鱼、对虾、海水珍珠、鲍、扇贝、海参等。

改革开放以来，我国渔业发展成就辉煌，特别是水产养殖业的快速发展不仅成功解决了我国城乡居民“吃鱼难”问题，而且在保障国家粮食安全、扩大就业、增加农民收入、改善水域生态环境等方面都作出了重要的贡献。

二、水产养殖新技术

1. 全新的混养概念

科学的混养概念告诉我们，不但四大家鱼可以混养，甚至鱼、虾、贝、蟹之间也可合理搭配混养。如鳗鱼塘里混养胭脂鱼，胭脂鱼可摄食鳗鱼吃剩的碎料；对虾塘里混养小规格的尖吻鲈，尖吻鲈可及时摄食死虾，有效地切断了病原体的传播。

2. 淡化驯养

许多海水养殖品种是广盐性的，如虱目鱼、南美白对虾等甚至可在没有盐度的水体中生存。且海水品种在淡水中养殖，生产速度往往更快，病害也可大大减少。

3. 北鱼南移

北方有许多优秀的水产品种以往未能得到足够的重视。实践证明，北方地区许多广温性的鱼类在从苗种开始逐渐驯化后，完全可适应南方的生长环境，甚至全年的平均生长速度较其在原产地更快，效益也更为显著。

4. 杂交优势

一个优秀的杂交种，其优势是不容置疑的，特别是在生长速

度、抗病力、对环境的适应力等方面更是引人注目，如杂交大口鲶、杂交太阳鱼等都是人们津津乐道的好品种。

5. 仿野生养殖

随着人们生活水平的提高，对水产品的品质要求也越来越高，并且追求绿色食品也已成为时尚，这就必然导致了同一个品种野生的价格要高出人工养殖的许多倍。这一现象为养殖界人士拓宽了思路。如有人在四大家鱼塘里跨年度混养水鱼，结果养出的水鱼品质非常接近野生的，售价不菲。

6. 超大规格

在人们司空见惯的品种中，如果能养出超大规格的品种就会物以稀为贵，其市场的接受程度也往往令人惊喜。如超大规格鲟鱼（5 千克以上），售价和售量都十分可观。

7. 轮养

轮养有三大好处：一是减轻池塘底质的恶化程度；二是减少病害传染；三是根据市场行情，可灵活选择养殖品种。如有些地区上半年养殖南美白对虾，下半年养殖鲈鱼，都在防病害方面取得了明显的效果。

三、四大家鱼养殖创新创业通用技术

长期以来，四大家鱼作为水产市场的主导品种，有广泛的养殖，对技术要求相对较低，养殖技术也相对成熟。

（一）生产环境要求

场地必须选择在周围无污染源，水源充足，水质良好，进、排水方便，日照充足，饲料资源丰富，交通方便的生态环境良好区域。

（二）养殖设施

池塘池形以长方形为好，长与宽之比以 2∶1 或 5∶3 为宜。池子方向一般以南北向为好，既可使塘埂受到风浪冲击的面积减

少，同时池水受风面积增大，有利于池水增氧。池底应平坦，略向排水方向倾斜，高差10～20厘米。池塘的进、排水系统要完善，通常采用沟渠。进水口与出水口应尽量远离。各个池塘的进、排水沟渠要独立设置。不得从相邻池塘进水或将水排入相邻池塘。应具备防漏、防逃、过滤等设施。

（三）养殖水产品引进

养殖水产品的引进包括亲本的引进和养殖用的苗种引进；引进包括国内各省市地区之间的流动及境外品种的引入。无论从境内、外引进用以养殖的水产品，都必须得到市水产行政主管部门的批准，并须经过市级水产良种审定委员会的查询及备案后，方可进行。

引入后的鱼种，必须先在封闭的环境下暂养一个月以上，该期间必须随时接受有关部门对引入的鱼种进行健康状况及生长情况的检测及查询。经确认许可后方可开放养殖。

（四）鱼种放养

合理的密度和多品种、多规格搭配是实现高产和充分利用饲料的重要措施。四大家鱼养殖为1年2茬，第一茬从清明开始投放鱼种，草鱼每亩可投放鱼种320尾，其中120尾为每尾约重1千克，到8月出塘时可养至3千克左右，而另外的200尾为每尾约重150克，养至来年清明时节可有3～3.3千克；鳙鱼每茬可投放30尾，每尾约重1千克，其成长速度较快，到出塘时每尾可有3千克重。一般草鱼和鳙鱼的利润可抵成本，而其他兼养的鱼是养殖利润的关键所在。每亩可投放每尾50克重的鲮鱼700尾，养至1年可有350～400克；每尾150克重的鲫鱼可投放130尾，养1年可有150克；每尾10克重的鲤鱼每亩可投放10尾，养1年可有1.5～2千克；每尾50克重的乌鳢每亩可投放10尾，养1年可有1.3千克。

（五）饲料使用

无论使用单一饲料或配合饲料，其质量均应符合国家规定的饲料卫生标准。不得使用霉变、受农药或其他有害物质污染或变质的饲料。在饲料中添加的矿物质、维生素和油脂，其质量应符合国家规定。添加量应符合专业（行业）或地方标准规定的值或标准中推荐值。为防治疾病或促进生长目的而选用抗生素类及其他药物作为饲料添加剂者，其原药质量应符合国家标准，不得选用国家规定禁止使用的药物。

（六）投料

在3~5月、10~11月按塘鱼体重的2%~3%投料，在6~9月按塘鱼体重的3%~4%投喂，每天分2次，分别是9：00和16：00~16：30，上午投料占全天的60%~65%，下午占全天的35%~40%。有条件的最好用投料机来投喂，这样投料均匀而且不易污染塘水。结合天气、水色及鱼的吃食情况灵活掌握投料量。因现在鱼用配合饲料较贵，在主养草鱼的四大家鱼塘中，投喂一定量象草或黑麦草的话，能用较低成本有效提高草鱼肉质。增氧机应根据天气的变化，鱼有浮头时要早开机，在夏天晴天的中午开机1~2小时，可打破上下水层温度差，增加水中溶氧量，这样，可使晚上塘鱼较少浮头，从而降低塘鱼发病率及降低养殖成本。

（七）肥料使用

养殖水体施用肥料是补充水体无机营养盐类，提高水体生产力的重要技术手段，但施用不当（指过量），又可造成养殖水体的水质恶化和环境污染，造成天然水分子体的富营养化。施肥主要用于池塘养殖，针对的养殖对象主要为鲢、鳙、鲤、鲫、罗非鱼等。肥料的种类包括有机肥和无机肥。

（八）渔药的使用

渔药的使用必须严格按照国务院、农业部有关规定，严禁使用未经取得生产许可证、批准文号、产品执行标准号的鱼药。推广使用高效、低毒、低残留鱼药，提倡生态综合防治和使用生物制品进行防治。

四、草鱼养殖技术

下面以草鱼养殖为例，介绍水产养殖技术。

草鱼，属鲤形目鲤科雅罗鱼亚科草鱼属。草鱼的俗称有：鲩、油鲩、草鲩、白鲩、草鱼、草根、混子等。与青鱼、鳙鱼、鲢鱼并称为我国四大淡水鱼。草鱼肉质细嫩，骨刺少，营养丰富。每百克草鱼肉中，含蛋白质17.9克、脂肪4.3克，并含有多种维生素。草鱼还含有丰富的不饱和脂肪酸，对血液循环有利，是心血管病人的良好食物。对于身体瘦弱、食欲不振的人来说，草鱼肉嫩而不腻，可以开胃、滋补。

（一）草鱼的生态习性

草鱼的体型较长，身体呈圆筒形，草鱼的身体呈茶黄色，背部青灰，腹部银白色，胸、腹鳍略带灰黄。与鲤鱼、鲢鱼相比，草鱼的鳞片大而圆，每一鳞片都有黑色边缘。草鱼的头部平扁，口呈弧形，上颌略长于下颌，没有须。草鱼的尾部侧扁，尾鳍分叉比较深。草鱼喜欢在多水草的水体中生活，栖息于水体的中下层，生性活泼，行动迅速，游动很快。草鱼的食量很大，往往成群的觅食，遇到食物的时候互相抢食。草鱼对水温的适应性比较强，在0.5~38℃水中都能生存，适宜水温为20~32℃，最适合的水温是27~30℃，在27~30℃的时候摄食量最大，水温低于20℃时摄食量降低，低于5℃则停止摄食，水温低于0.5℃或高于40℃便开始死亡。草鱼喜欢较清瘦的水，对低氧具有一定的适应力。水中溶氧量5毫克/升时可正常生长发育，溶氧量1.6毫克/升时呼吸受抑制。草鱼是典型的草食性鱼类，在自然生长条件下，主要以水草和其他植物性饵料为食。幼鱼喜小浮萍、紫

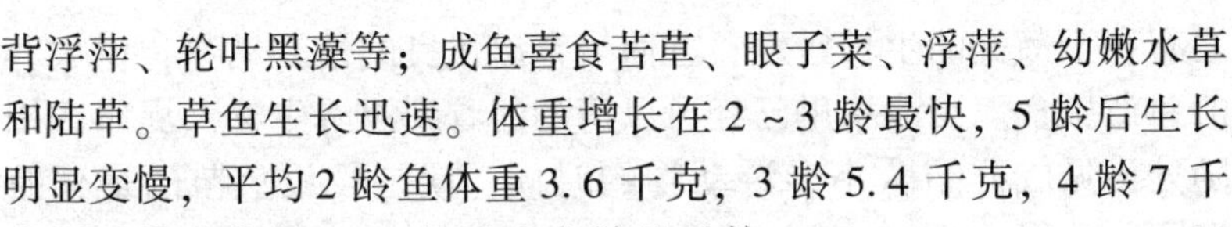

背浮萍、轮叶黑藻等；成鱼喜食苦草、眼子菜、浮萍、幼嫩水草和陆草。草鱼生长迅速。体重增长在2～3龄最快，5龄后生长明显变慢，平均2龄鱼体重3.6千克，3龄5.4千克，4龄7千克，因此在草鱼3～4龄时上市效益最佳。

（二）草鱼的人工养殖条件

人工养殖草鱼最好选择连片的池塘，面积在100亩以上，水源充足，交通便利，排灌体系完备。水域土壤环境中的金属、农药残留量应符合我国规定。池塘主要是长方形，鱼池面积5～10亩。水深1.5～2.5米。每5亩配备3千瓦增氧机1台，有天然流动水的地方可以不用增氧机，条件好的可以每口池塘配备自动投饵机1台。对水源要进行定期监测。以100亩为单位，对要灌入池塘的水源进行定期监测：水质感官标准、卫生指标都要符合我国《无公害食品淡水养殖用水水质标准》。

（三）草鱼苗种养殖技术

草鱼的养殖周期是两年，第一年春天鱼苗下池塘，到第二年春天能长到0.5～0.8千克，这个阶段叫苗种养殖阶段；从第二年春天到第二年秋天，草鱼能长到3～4千克，这个阶段叫成鱼养殖阶段。

1. 清塘消毒

清塘消毒是在池塘进水前进行药物消毒，杀死塘底淤泥中的有害生物和野杂鱼类。清塘消毒一般在雨水少的秋冬季节进行，可以采用生石灰干法消毒，按每亩75～150千克的用量全池泼洒，再经日光曝晒3～5天。要重视池塘的清整工作，它是预防鱼病和提高鱼产量的重要环节和不可缺乏的措施之一。清塘消毒20天以后，可以注入新水。池塘放入新水之后，采用施肥的方法，可以培养鱼苗放养后需要的生物饵料。施肥采用全池泼洒生物制剂的方法。目前，市场上有各种用来肥水的生物制剂，含有氮、磷、钾等营养元素。生物制剂能调节水中营养成分比例，使之有利于藻类的生长繁殖，进而培育出优良的浮游动物，供放养的鱼苗摄食。当池塘里已经可以清楚的看到浮游生物，堤岸四周随处可见成群结队小浮游动物的时候，就是投放鱼苗的最佳时期了。

2. 放养鱼苗

因为草鱼鱼苗的人工繁殖比较麻烦，建议创业者从大规模的繁育场引进，可以购买刚刚孵化出的鱼苗。要选择品质纯正，健康无病，规格整齐的鱼苗。看体色群体色素相同，无白色死苗，身体光洁不拖泥。放养时间在5月上、中旬，这时的鱼苗只有5毫米左右，一亩水面放养15万~20万尾，鱼苗养殖期间，只能养殖单一的草鱼鱼苗，不能与其他鱼类混养。

3. 鱼种养殖期间的饵料投喂

在鱼苗投放的第一周，鱼苗还十分娇嫩，不能吃较大的饲料，因此，这个阶段的饵料投喂是非常重要的。1~20天草鱼鱼苗的饵料投喂开始的时候，一般每天上午和下午各投喂一次人工豆浆饲料，投喂的豆浆只有一小部分被直接吃食，更多的还是起到肥水作用，培育肥水繁殖大量的天然饵料供鱼苗摄食。鱼苗下池塘的第一周，每亩投喂3~4千克豆浆，一周后增加到5~6千克，并根据天气情况灵活掌握用量，如果天气闷热，要下雷阵雨或暴雨时，一定要少喂或停喂。

4. 20天至2个月草鱼鱼苗的饵料投喂

20天以后，鱼苗就长到了2~3厘米，因为草鱼生长快，食量大，仅仅依靠投喂豆浆已经不能满足营养需求了，这个时候，就要采用配合饲料来饲喂了。因为这时侯的鱼苗还比较小，不能吞食颗粒饲料，所以只能把配合饲料加工成粉料投喂。2个月的草鱼苗长得快得能长到20厘米，长得慢的也有10厘米了，草鱼的身体强壮了，游泳能力也增强了，这个时候，要训练着鱼苗定点饲喂。喂料的时候轻轻地敲击投饵机，发出信号，让小鱼逐渐

适应这种定时定点喂料的习惯，2 个月以后的鱼苗需要的蛋白质渐渐地减少了，可以采用以下配方为它们搭配饲料。

5. 2 个月至 8 个月鱼苗的投喂

2 个月以后的草鱼苗，消化机能逐渐增强，食量也逐渐增大，为了节省成本，可以在白天加喂一次草料（一般夏季投喂鲜嫩的皇竹草或台湾甜象草，冬季投喂黑麦草或紫花苜蓿）。因为鲜嫩草料营养丰富、纤维素少、易被消化。摄食鲜嫩草料，能使草鱼长得快、少生病，亦可减少投喂量，降低养殖成本，提高经济效益。草料的种类，应是平行脉的长叶青嫩草，不宜投喂草鱼厌食的网状脉的团叶草料。

对草鱼喂草，每天要定时、足量、均匀投喂，力求将草料撒开，让鱼吃饱、吃好、吃匀，以提高养殖效果。

6. 8 个月以后草鱼鱼苗的饵料投喂

8 个月以后，天气逐渐寒冷，当水温低于 20℃时，草鱼的摄食量开始降低，这时，可以根据草鱼的摄食情况，减少投喂饲料的次数，从每天投喂 3 ~4 次，逐渐减少到 1 ~2 次。这个阶段使用的饲料与前一阶段使用的饲料是一样的。秋天之后，如果没有人工种植牧草，且草料不宜寻找的，可以不用再喂草料。

（四）鱼种养殖期间的水质管理

鱼下塘后每天至少得坚持早、中、晚 3 次全面巡塘，在池塘四周观察鱼苗的吃食及活动情况，及时准确掌握池塘的全部情况，然后有的放矢地采取相应的管理措施。

如果发现池塘里的鱼苗因为缺氧而浮头时，应及时加注新水。碰到闷热天气又突然下雷阵雨，池内上下层水对换，大量的残渣从池底涌出水面，鱼苗减食或基本停食，这种情况很容易诱发泛塘，碰到这种情况立即注入清新水，排出至少 30% 的老水或使用 EM 菌液 2. 5 ~3 毫克/千克泼洒全池 2 ~3 天。

水质控制是一项关键的技术环节，保持良好的水域生态环境是生产无公害草鱼的重要要求。养殖苗种养殖期间的水质指标为：透明度30～40厘米，溶解氧4ml/L以上，氨氮含量不超过0.2毫克/升，pH值7～8.5。坚持每天打扫池塘里的污物，把吃剩的残饵，漂浮的杂物，池塘边的泡沫等都打扫出来。另外，就是提倡喂含优质的颗粒饲料，吃多少喂多少，防止吃不完的饵料，在水里腐败变质。还有一个措施就是，使用二氧化氯等水质改良剂或者投喂EM饵料的饲料，对水质进行改良。水的酸碱性比较好调控。如果pH值下降到7以下，就采用全池泼洒生石灰水来提高pH值，通常每亩用生石灰7.5～10千克。如果pH值达到9以上，必须及时加注淡水，来降低pH值。

生石灰在渔业上还有多方面的作用，它具有强碱性，能消毒、杀菌、灭虫、杀灭水域中各种鱼病的病原体，切断传染或侵袭的途径，渔农称生石灰是“渔家宝”。

经过两年的养殖，第二年秋天，草鱼长到4～6斤，便是收获的好时节了，这个时候，便可以拉网捕获了。

五、水产养殖业创新创业要注意规避的风险

（一）自然风险

水产养殖大部分都是依赖自然环境进行的，因此，自然因素会影响水产养殖的生产经营，干旱、洪涝、暴雨、台风等会给水产养殖业带来一定的影响。比如，2014年，受台风“威马逊”肆虐后，钦州、北海的大蚝等水产养殖业损失惨重，许多养殖户多年积累的资金和心血都毁于一旦。

（二）生物风险

因为水产养殖的密度较大，加上病源、虫源等种类较多，在水产养殖经营过程中，会使各种病源生物大量繁殖，形成生物风险，它主要分为病害、虫害、天敌危害等。

（三）技术风险

水产养殖对养殖环境、养殖技术等方面要求比较严格，相近的品种养殖技术可能会差异很大，如果养殖人员技术不够精良，甚至产生技术失误，会给养殖业带来很大影响，造成技术风险。

（四）管理风险

水产养殖业对管理要求较高，如果管理粗放，不能做到精细管理，在水产生物生长关键时期，疫病、虫害、药害发病初期等关键时期不能采取有效措施，容易造成生长生存受限、病虫害发生等情况，给水产养殖业造成损失。

（五）化学风险

水质污染、饲料污染、水产生物药害等化学因素可不同程度影响水产生物正常生长，影响水产品品质，甚至造成大量死亡，给水产养殖业带来很大损失。我国传统水产养殖业，水环境恶化的问题已成为行业可持续发展的瓶颈。为了在一定的水体中获得更高的产量，人们不得不向水体中投入大量的饵料、肥料、渔药等，以满足鱼类生长的物质与控制疾病的要求。这种以强饲重肥为特征的养殖方式加大了水体氮、磷、有机物分解转化负荷。又因疏于水质调控与管理，微生物分解环节不畅，水体中物质循环与能量流动受阻，残饵、有机残留物和鱼类代谢物不断积累，以致 NH_4^+（NH_3）、NO_2^-、H_2S、COD 等含量远远超出了国家规定的渔业用水水质标准。病害蔓延，突发性鱼病频繁发生。使得很多想从事水产养殖的农村青年创业者无所适从。

六、水产养殖业风险的预防与规避

（一）自然风险

对于台风而言，一是要关注天气预警信息，提前做好应急准备。二是要及时收捕成品上市，以尽量减少台风造成的经济损失。三是要检查加固养殖设施。加固加高塘埂，防止塌方溃堤。

对筏架、浮筏、围网等养殖设施进行检查加固，加长锚固绳长度，防止水位暴涨造成锚绳断裂或走锚，造成养殖生物逃逸。加固育苗池、养殖池的顶棚、搭盖等设施。认真检查养殖场水渠、排洪沟，进排水系统是否畅通，如有破损，应尽快加固和修复。四是要检查供电、供气设备。检查并维护好养殖场发电机、增氧机等设施、设备，防止因暴风雨造成停电无法开启增氧机等设备，并要求预先配备一定数量的增氧剂。五是迁移疏散养殖网箱。在台风可能影响的海域，要采取迁移疏散养殖网箱的方式，及时把网箱转移到不容易受到台风、洪流和漂浮物冲击的内湾内，或下沉网箱。六是降低网箱养殖密度。台风时，网箱养殖鱼类会产生极大的应激反应，加之网箱活动空间狭小，鱼体表面极易擦伤，诱发细菌性、寄生虫等疾病的发生，所以应降低养殖密度，增强其抗风浪的能力。七是适当降低池塘水位。当台风来临之前，适当降低池塘水位，并采取增氧措施防止缺氧泛塘。在台风灾后恢复生产方面，①要抢修养殖基础设施。尽快修复电力、道路和房屋等基础设施，畅通道路、恢复供电。抢修倒塌和冲毁的池塘、网箱、拦鱼设施、温室大棚和水渠、进排水系统。整理并加固相对完好的网箱及其附属设施，重新调整网箱锚泊设施，必要时应起锚重抛，及时补充断缆或丢失的铁锚。修复渔业机械设施，对过水的养鱼设施如增氧机、水泵、投饵机等，应抓紧拆卸、烘干、冲洗并进行检修和维护，以便尽快投入使用、恢复生产。②要抢收留存的养殖生物。台风过后，立即清理网箱及池塘水面漂浮的损毁木料、泡沫、网片，将养殖区内受伤的、尚有治疗价值的养殖生物另行集中养殖，进行治疗和恢复管理；死亡个体集中运回陆上无害化处理，避免二次污染环境。③及时检查养殖生物存量。在抢收留存养殖生物的同时，对池塘、网箱等养殖生物逃逸、死亡的情况进行检查和评估，以摸清养殖生物存活量，调整养殖密度，确定补放品种及放养量。当养殖密度低时，

按照规格大小应考虑并塘并网，腾出的池塘和网箱重新投放其他鱼种，选择生长快、效益好的品种进行养殖。④尽快调节养殖水质。台风过后，池塘养殖应及时排出表层淡水，适量添、换水，并开启增氧机，促进水体交换和增氧；暴雨后，水质处于 pH 值偏低状态，并适时使用微生物制剂和底质改良剂来改善水质及底质。对过水的池塘应尽快清除池塘里的淤泥，迅速恢复养殖生产。⑤抓好亲本培育和鱼种生产。尽快落实灾区所需的亲体、种苗调运等工作。一方面及时购进原良种亲本，加强对亲本的强化培育，恢复育苗生产，扩大繁育能力，增加苗种供应量；另一方面抢抓鱼种调剂，保证养殖生产需要。⑥要抓好水生生物疫病的防控。迅速将池塘、网箱养殖生物的死亡个体打捞上岸，进行无害化处理，防止大灾后出现大疫，杜绝次生灾害发生。及时对池塘等养殖水体进行清理、消毒，可用生石灰、漂白粉等消毒，既可调节水质，又可杀灭随雨水、洪水带入的一些病菌。加强疫病监控，对重点灾区、重点水域进行严密监测。⑦加强科学投饵与日常管理。台风过后，养殖生物大都受到不同程度的应激影响，此时应加强营养，投喂优质饲料，并在饲料中定期添加水产多维、免疫多糖等，以增强养殖动物体质，提高其防病抗病力。加强巡查和水质监测等管理措施，发现问题及时处理，并做好养殖记录。

对于赤潮灾害，一是要密切观测水质。密切关注各级海洋与渔业部门的海水监测动态和赤潮信息，及时掌握当地和附近海域水质状况和水质变化情况。陆基养殖包括池塘和工厂化养殖应根据水质监测情况，提前做好养殖用水储备。二是要尽早提前出售。三是疏散养殖网箱。四是转变养殖方式。五是科学投喂饵料。六是配置增氧设备。灾后要及时清理养殖设施，改善水质条件，检查养殖生物并及时采取措施，调整养殖密度，适时补放苗种。

对于冰冻灾害，要定期检修保温设施，适时加水保温，下沉养殖网箱，提高饵料质量，做好亲鱼保种，及时抢收上市，做好水质改良调控、消毒和治疗等疫病防治物资的储备工作。灾后要及时检修养殖设施，做好亲本调配，实行科学饲养，做好疾病防治工作。一是开展水质和病害监测，一旦出现养殖品种死亡现象，要及时处理，避免寒冷期间因冻死鱼虾引起重大疫病在养殖区内交叉传染。特别要做好大宗养殖品种的常规性、多发性疫病的监测工作，并做好水体消毒。二是及时清除水体和底泥中的死亡个体，可采用撒网检查的办法，发现后及时清除以免破坏水质，可用沸石粉等池底改良剂或采用生物方法清洁底质。三是进行鱼体消毒，预防冻害后水霉病等病害的发生。

（二）生物风险

1. 食场消毒

在食场周围用漂白粉或二氧化氯挂袋，形成一个消毒“特区”，利用养殖动物集群到食场摄食的机遇，达到预防病害之目的。

2. 定期杀虫

每月杀虫1次，主要药物品种有阿维菌素、伊维菌素、敌百虫等。单养塘或鱼、虾、蟹混养塘杀虫药物品种的选择及使用应根据养殖生产实际并按照生产厂家的药品使用说明书进行。

3. 定期消毒

采用生石灰、漂白粉、二氧化氯、溴氯海因、二溴海因等药物（蟹、虾养殖塘口一般选择刺激性较小的药物）对水体进行定期消毒，防止病害的发生。

4. 投喂药饵

经常投喂用维生素C、大蒜素、免疫多糖、病毒灵等药物制成的药饵，以增强养殖动物的机体抵抗力，降低发病率。

5. 对症用药

一旦发病，要认真检查，仔细分析，准确诊断，对症用药。

用药时做到科学选择，合理使用，防止因用药过量而产生不必要的损失。

（三）办理水产养殖业保险

水产养殖业收益高，风险大，有可能一年暴富，也有可能一夜倾家荡产，因此要积极参加水产养殖业保险。

水产养殖保险是由保险机构为水产养殖者在水产养殖的过程中，对遭受自然灾害和意外事故所造成的经济损失提供经济保障的一种保险。其主要内容如下。

（1）保险责任一般分为死亡责任和流失责任两大类。死亡责任是指由于缺氧、疾病、他人投毒等灾害事故造成的水产品死亡；流失责任是指由于台风、龙卷风、海啸、洪水等自然灾害造成鱼塘、虾池的堤坝倒塌所引起的水产品流失。

（2）保险期限要根据不同保险标的的养殖周期和不同地域、气候条件分别确定。

（3）保险金额一般以承保的水面面积作为承保单位来确定，包括保成本和保产值两种方法。保成本是按保险标的在收获时投入的成本作为最高保险金额；保产量是以市场价格或产品的销售价与产量作为确定保险金额的依据，一般只保50%～70%。

（4）保险费率的确定主要考虑保险标的的损失率，一次性最大的损失程度以及承保责任时间的长短等因素。

（5）保成本的赔偿，根据保险标的在保险期限内不同时期投入的成本不同，按条款规定的不同赔付标准计算赔偿，残值从赔款中扣除；保产值的赔偿，按照实际损失和投保成数赔付，并以不超过保险金额为限，残值从赔款中扣除。

另外，还需要水产养殖业创新创业者要多学习，熟练掌握生产、经营、管理技术，多渠道了解水产养殖业市场信息，主动预防和规避社会因素风险。

七、水产养殖项目推荐

下面推荐几个目前较为流行的水产养殖项目，仅供创业者参考，项目具体运营情况会因地域、时期、消费群体不同而不同，请认真考察和测算后再确定是否实施。

1. 蛙类养殖

蛙肉及蛙制品在国际市场供不应求，目前，国内养殖规模较少，难以形成批量产品远销，国内市场销售量正不断扩大。如果发展大规模养殖，用部分池塘等水体进行苗种培育，利用广阔的稻田、沼泽地养殖，将会收到较好的经济效益。

2. 淡水虾养殖

我国淡水虾市场热点主要分布在广东、广西壮族自治区、江苏、福建、上海和浙江等地区。养殖品种主要有罗氏沼虾、青虾、刀额新对虾、澳洲淡水龙虾等。近年，南美白对虾在广东、福建、江苏等地淡水试养成功，使淡水虾类养殖品种更趋多样化。随着淡水养虾业规模的不断扩大，多个淡水虾类品种繁殖技术已取得重大进展，种苗供应将不成问题。罗氏沼虾广泛养殖，虽然其口味略逊于青虾，但较低的价格已被多数消费者接受，商品虾保持相对稳定的售价，其关键是尽量避开集中上市，养殖者必须合理安排生产计划，规避风险。

3. 鲟鱼养殖

我国有 8 种养殖鲟鱼，分布在长江、黑龙江等水系，具有代表性的品种有中华鲟、史氏鲟、达氏鳇等，另外，从国外引进品种有俄罗斯鲟、欧洲鳇等。《野生动物保护法》规定，必须繁殖到二代以上才能经营，并规定养殖必须办理渔政部门颁发的经营许可证。

鲟鱼养殖经过数年的发展，关键技术已经取得突破。目前，投资鲟鱼养殖业从市场角度来讲是较佳的时机。鲟鱼属大型鱼

类，性成熟一般在10年以上，有很强的局限性，不会出现一哄而上的局面。鲟鱼籽素有“黑黄金”的美称，鲟鱼肉价格在每千克150~200元以上，国内市场上尚无养殖鲟鱼出售，市场基本属于空白。创业者投资鲟鱼，在办理经营许可证的前提下，相应会有较高的回报。

4. 观赏鱼养殖

随着市民生活质量大幅度改善，曾长期困扰消费者的“食鱼难”问题已经解决，水产品出现局部性、地方性、季节性过剩，买方市场已经形成。人们开始崇尚回归大自然，追求生活情趣，开发观赏鱼业前景较好。

养殖观赏鱼不仅能美化家庭环境，点缀公共场所，陶冶情操，而且可以调整传统渔业生产结构，增加社会就业，成为渔业进一步发展新的增长点。近年来，观赏鱼的规模、品种、产量逐年增多，有金鱼、锦鲤、热带彩色鱼三大系列共200个品种。

5. 龟鳖养殖

甲鱼消费市场价格经历了由200~300元/千克的高价到45~50元/千克的低价位之后，渐趋于平衡的发展过程。随着甲鱼养殖技术的提高，品种的优化，迎合人们追求绿色纯天然滋补的时尚，优质甲鱼价格将会稳中有升。人工养龟作为新型产业正在我国悄然兴起，其中，金钱、鳄龟是宣传力度最大的两个品种，目前苗种需求量较大，处于供不应求的阶段。龟苗场有较高的利润，一只10克重的鳄龟苗最高售价高达到200元，巨额利润吸引着越来越多的养殖者加入其中。

第四节　服务业（农业观光、生态园）

20世纪末，随着农业结构的调整和农业高新技术的应用，各地、市、城郊及乡镇结合自己的农业特点、自然资源和文化遗产相继建成了具有一定规模和一定面积的高新农业科技示范园区。这些园区内，主要栽植果树优良品种、稀有蔬菜和新潮花木，在绿化设计和道路规划方面遵照了园林的规划原则与要求，有的还设立了一些园林艺术小品和其他娱乐服务设施。整个园子除生产农副产品之外，还可供人们参观游览，这就是农业观光园的雏形。

一、概述

一方面，城镇居民面对生态环境的日益恶化，纷纷开始向往“回归大自然”的休闲、恬静生活。每逢周末和假期，都不约而同地去寻找绿色空间和清新的娱乐场所，以领略、感受、体验田园和乡村的朴实生活，从而获得紧张工作之后的恬静和放松。另一方面，一些居民也渐渐厌倦了游历名山大川后的旅途劳累，且常有“看景不如听景”的遗憾，于是就自然而然地瞄上了距离比较近的高新农业科技示范园区。而这些园区也非常乐意接纳游人，既可处理产品，又可获得一笔非常可观的门票收入，且可以借游人之口做活广告，传播既快又易为人接受，比在广播、电视上做广告更经济实惠。这样，生态农业、园林绿化与生态旅游很自然地结合了起来，形成了一类独具特色的科技示范园，我们将之称为农业观光园。

农业观光园是现代农业发展的一种新思路，属于农业生产的一种创新。它既是现代园林发展应用的一种特殊形式，也是观光农业的一种形式。它的显著特点是以金融资本为基础，以科技为先导，以市场为导向，以高效为目的，重点突出参与性、观赏性和娱乐性，充分体现了农游的合一性农业观光园是一种崭新的园林类型。农业观光园是以农业资源为核心依托，以旅游功能为核心展示，借助科技、相关辅助设施等进行创新性的规划、设计，从而形成的集聚科技示范、旅游观光、科普教育以及休闲娱乐功

能为一体的综合型园区。

农业观光园实现了农业生产方式、经营方式以及人们消费方式的创新，是未来农业发展的一种新思路、新模式，也是我国现代农业中一项具有发展前途的特色产业。观光农业以充分开发具有观光、旅游价值的农业资源和农业产品为前提，以规划、设计、修建农业景观与设施为手段，以输出观光、休闲、采摘、购物、品尝、农事活动体验等旅游功能为目的。观光农业既不同于单纯的农业，也不同于单纯的旅游业，具有集旅游观光、农业高效生产、优化生态环境、生活体验和提升社会文化功能于一体的显着特点。观光农业，一方面以农业生产为依托。使旅游业获得更大的发展空间。丰富了传统旅游业的内容；另一方面，观光农业以旅游经营为手段。使农业取得更高的经济效益，实现农业功能的多元化。它赋予了农业、旅游业新的文化内涵，符合现代生态旅游的主题要求。

二、农业观光园特征

1. 区位地域性

农业观光园主要分布在大城市的边缘区或近郊，具有明显的地域性特征。其原因：一是此地域是城乡过渡地带，有较好的通达性，具有充足的旅游客源。二是此地域具有区位优势，电讯、报刊、电视、计算机网络等基础配套条件较好。三是此区域便于利用大城市的科技优势，农业现代化特征明显。这些地区往往率先开发旅游观光农业的经营项目。

2. 功能复合性

农业观光园是特殊的农业生产基地，具有农业生产的基本功能；有远景设计研究院农业观光园规划设计专家谈到说：农业观光园关键点还是在起功能复合性。拥有清新的空气、优美的田园风光和纯朴的乡土风情，具有休闲观光的主题功能；引进新品种、新设施、新技术，并运用到生产上进行充分展示，以增强园区的新颖性，具有科技示范的功能；提供实践、学习农业知识的乐园，具有科普教育的功能；部分观光园开辟出一片供游人参与农作活动的“农耕乐园”，让游人参与赶牛犁地、浇水施肥、松土除草等农事作业，体验农耕生活的辛酸劳累，或增设采摘、收获、加工、品尝的参与项目，让游人感受农业丰收的喜悦，具有体验参与功能。

3. 产品独特性

为吸引游客，农业观光园提供的产品具有“独特性”，即“新、奇、异、趣”。另外，通过不同的栽培方式和农艺技术，赋予植物生长状态的奇特感，通过无土栽培及环境调控，培育出使一株番茄结1.5万个果实的“番茄树”，通过种间嫁接使一株番茄结出五颜六色、形状各异的果实，提高植物的观赏价值；在生产景观布置过程中，采用无土栽培方法，来实现植物景观多变，让植物能“动起来”或随时“搬家”；把各种疫苗的编码基因导入番茄、黄瓜之类的果蔬中，使其成为好看、可口的疫苗果，这些都可成为吸引游客的卖点。

三、农业观光园类型

农业观光园的类型划分尚无统一标准，各地大都是结合各自的主营项目和地方特色来划分和命名的。在百度百科里，根据农业观光园的应用特点将其分为3类：观光农园、农业公园和教育农园。

1. 观光农园

以生产农作物、园艺作物、花卉、茶等为主营项目，让游人参与生产、管理及收获等活动，并可欣赏、品尝、购买的园区为观光农业园。它又可细分为观光果园、观光菜园、观光花园(圃)、观光茶园等。如北京的朝来农艺园、河南省濮阳市的世

锦花木公司等。

2. 农业公园

农业生产、农产品销售、旅游、休闲娱乐和园林结合起来的园区称为农业公园。这类园在休闲、旅游、度假、食宿、购物(农产品)、会议、娱乐设施等方面比较完善，注重了人文资源和历史资源的开发，是一种综合性的农业观光园。如湖北省宜昌市的旅游型景观农业区、四川省的九寨沟、浙江省义乌市的农业现代化示范区、河南省濮阳市的中原绿色庄园等。

3. 教育农园

兼顾农业生产、农业科普教育，又兼顾园林和旅游的园区可称为教育农园。其园内的植物类别、先进性、代表性及形态特征和造型特点等不仅能给游园者以科技、科普知识教育，而且能展示科学技术就是生产力的实景；既能获得一定的经济效益，又能陶冶人们的性情，丰富人们的业余文化生活。从而达到娱乐身心的目的。如深圳市的世界农业博览园、上海市孙桥的现代农业开发区、河南省郑州市陈寨村的特色植物展示园等。

四、农业观光园地被植物设计的要点

1. 选择乡土地被的植物

农业观光园景观以富有当地自然特征为特色，表现着自然和谐和轻松舒展。游人需要的是本土、原生态，而不是异域风情的嫁接。乡土地被植物表现着极强的适应性，传递着富有地方特色花开花落的景观信息，揭示着当地进行集会、踏青、访友等多样民俗活动的根源。因此，选择当地喜闻乐见的低矮植物是必需的，这些植物的种植既能把游憩区与农业生产区分开，又不影响游人活动。但不能应用带刺、有毒以及大型藤蔓类植物等。

2. 创造亲切宜人的氛围

出游是一种人为活动，不是纯粹野生植物的保护。要为农业生产区添加服务功能，必须了解服务对象的需求。城市居民休闲度假的内容一般有下列几种：生产体验、园艺理疗、农家餐饮、休闲漫步。其共同点是松散的小组合，时间性不强的漫游和个性化的参与。直接需求是大农景观背景下的宜人小空间。因此，宜人空间的创造是农业观光园景观建设的切入点。利用地被植物在大农田景观中，创造小尺度的宜人空间也是一种特色强、投资小、见效快的造景方法。

3. 适应粗放管理的条件

农业园管理的目的是收获初级的农产品；管理的主要内容是收获对象的播种、成苗、整形、中耕、病虫害防治以及最终的采收；管理的手段逐步实施机械化。观光性收入只是一种副产品，至少在建设初期是辅助的。因此，在景观方面的管理是粗放的。景观持续时间的长短受植物的占有能力影响，要求有较强的适应性和扩展性。因此，一定的自播力、根蘖萌生性、茎节匍匐分生力和成苗性是必要的。

4. 调节基调植物景观的单一性

农田物种的集约经营和耕作斑块的重复都使得景观相对单一，应选择观赏期长、观赏部位多样、植株形体可塑性强的地被植物。根据遮荫度、湿度、风力、地形、土壤条件和管理措施的不同，表现出积极的生长反应。由于接近游人的地被植物景物的变化，反衬出不同的景观画面。这是“同中求异”造景手法的应用。

五、农业观光园发展模式与目标

1. 在开发模式上走产业化道路

随着城乡居民收入水平的不断提高，未来农业观光园的档次结构无疑会更加丰富和更加多元化。开发农业观光园的思路之一是将生态概念与乡村特色旅游项目如农家乐的开发相结合，在生

态资源丰富且适宜休闲的地区进行资源与要素整合，通过整合规划设计、开发建设，形成一个全新的产业体系。

2. 在经营方式上，走集约化道路

农业观光园的发展由于受到现有土地流转制度的限制与农户自身资金的限制，起点低、规模小、散布广，为此必须走集约化道路，并在组织制度方面进行创新。其组织制度可参照我国农业产业化发展组织制度的模式，实施“公司 + 基地 + 农户”的组织形式，以实力雄厚的公司统一经营，参与农户提供土地与基本的设施。双方按照一定的契约或投资股份分享收益和承担风险。

3. 在产品开发上，走特色化道路

农业观光园的旅游产品开发必须逐步把现代化的服务和设施与农村古朴民居、民风、民俗紧密结合起来。以当地自然与人文资源为载体，不仅要因地制宜的设立旅游项目，同时要大力弘扬特色文化。城乡文化的差异，不同地区、不同文化的差异是农业观光园的生命力所在，其差异越大，吸引力也就越大。

4. 在收入渠道上，走多元化道路

农业观光园的经营具有一定的季节性。如果经营者的收入渠道单一，必然产生淡季、旺季收入的较大差异，常常导致恶性竞争。解决的方法之一，就是发展多种经营，开辟多条收入渠道，例如，通过观光农业季节性特色项目、生产旅游纪念品、直销农副产品、经营花卉苗木等方式来扩大旅游收入来源。

5. 在提升形象上，走品牌化道路

农业观光园在发展过程中产生的各种问题都会在一定程度上损害整体的形象，使得有资源特色、有管理能力的休闲观光项目同样受到影响；同时，农业观光园要在现有基础上做大、做强，必须突破以往“小而全”的经营模式。因此，有资源特色与经营实力的农业观光园必须靠品牌推广其经营，以知名品牌的特许经营形成连锁经营的格局。当地政府应运用行政力量，整合优势资源，搭建平台，将农业观光园作为一个整体品牌进行包装与市场化运作，以提升其整体的知名度和信誉度。

6. 在建筑装修上，走生态化道路

农业观光园在特色项目的开发上应与城市、郊区及乡村良好的生态环境相协调，从城乡统筹和区域统筹的高度，使个性化的建筑风格与当地自然环境和人文氛围相协调。无论是休闲观光项目建筑材料的选择，还是其色彩、体量、风格都应与周围环境和村落整体布局协调一致，做到村景交融。要控制和减少使用有害的装修材料和产品，不使用对环境造成污染的能源等。

7. 在微观管理上，走科学化道路

农业观光园的微观管理必须逐步摆脱现有的单家独户式的管理模式，走科学化管理道路。首先，在项目的开发选择上，一定要在对本地区的旅游资源、客源市场、地理位置等进行充分有效的评估、定位和市场分析之后再确定开发方案；其次，在日常经营中要不断提高管理和经营水平，强化服务意识。

8. 在宏观管理上，走规范化道路

政府必须从解决“三农问题”的高度重新审视农业观光园的地位，必须加强对农业观光园规范化的引导。要把农业观光纳入政府的议事日程，加大投入，建立标准化的评价体系。

9. 在产业发展上，走国际化道路

当前，农业观光园的游客主要集中于临近城市的农村，由于大多数农业观光园不具备一定的规模档次和品牌感召力，难以招徕、接纳国际游客。事实上，很多国际旅游者都有了解中国各地文化和生活方式的强烈兴趣，而农业观光园作为一种特殊的旅游产品完全符合境外旅游者这一需求，尤其是景区型休闲观光农业和民俗特色鲜明的项目最具吸引力，因此，要根据这个趋势努力做好有关的各项工作。

六、目前农业观光园建设中存在的问题

由于很多城市缺乏整体区域性的观光农业总体规划，各郊区、乡镇各自为政，大量的农业观光项目在缺乏科学调研的情况下纷纷上马，项目设置重复，形成自我竞争，最终导致经济效益不佳。

1. 选址不佳

观光农业园区的选址涉及园区的区位、交通、客源等外部条件和园区内部自然环境资源、文化资源、生产基础等诸多内部条件。对于区位偏远、交通不便的郊区，发展观光旅游在客源竞争方面势必受到限制。另外，观光农业园区的用地要求基址内部除了具有丰富的地形、地貌特征和自然生态资源外。还要有独具特色的地域文化资源。园区的规划选址如果缺少对客观资源条件的客观评价，必然在后期的竞争中失去优势。

2. 定位模糊

项目设置雷同，缺乏特色。目前，国内很多园区在规划过程中，未充分调查、分析基址的产业优势和挖掘地方传统文化与自然资源特色，不能对园区的发展进行准确定位，而是简单照搬国外建成的农业园区的项目或模仿一般旅游景点的做法，最终导致项目设置雷同、杂乱，使园区丧失特色，从而丧失对游客的吸引力和自身竞争力。

3. 园区规划不合理

许多观光农业园区在规划建设过程中，对和景观的营造是模仿风景区的规划或旅游规划的相关程序与要求，造成很多本属于公园或风景区的设施和人工景点却出现在农业观光园区内。同时，对于景观的营造规划，未充分分析和尊重基地的自然资源现状，体现乡村田园风光的特色和观光农业的本质。而是想当然地对功能区和景区进行划分，造成很多本来很有特点的地形、地貌被忽略，甚至被人为破坏。增加很多不合理的景观设施，不仅耗费大量的投资资金，而且破坏基址上的自然生态特征，造成农业观光园区本质特色的丧失。

4. 对农产品开发不够

有的观光农业园区的规划，侧重于景观及旅游观光方面，而对农产品的综合开发和农业产业的可持续发展涉及甚少，有的甚至没有涉及。这种规划自然背离了观光农业园区建设的初衷，无法推动农村产业结构调整和现代农业的可持续发展。

七、建设农业观光园需规避的风险

1. 市场风险

近年来，各种农业观光园如雨后春笋一样建立，重复投资、简单模仿现在相当严重，大量的农业观光项目在缺乏科学调研的情况下纷纷上马，项目设置重复，形成自我竞争。给这一行业带来较为严重的竞争压力，最终导致经济效益不佳。带来较大的市场风险。创业者要对客流量、营业收入等进行谨慎的调研和计算，避免由于市场变化，给投资带来风险。

2. 资金风险

农业观光园占用土地较多，前期投入较大，资金周转缓慢，创业时，要充分考虑资金问题，主动规避资金风险。

3. 自然风险

和种植业创业一样，农业观光园创业也受自然条件制约。恶劣气候条件影响，给创来者带来自然风险。

4. 政策风险

农业产业观光园大部分都享受国家农业优惠政策补贴，有的观光园正常生产经营活动都要依赖国家资金，形成对国家政策的依赖性，一旦国家政策调整，将影响其正常生产经营活动。

5. 适应性风险

农业产业观光园中很多植物都是异地栽培，对本地气候、水

质、土质均需要一个适应过程，如果掌握不好，容易造成病虫害严重、生长缓慢、质量变差、死亡等情况，形成适应性风险。

6. 生物风险

和种植业创业一样，农业观光园园区植物也会受到病虫草害的侵染，形成生物风险。

八、预防规避风险的措施

（1）要认真学习管理知识，强化企业管理，善于收集分析市场数据，深入开展市场调研，随时掌握市场动态。摒弃投机心理、押宝心理和从众心理，对市场情况进行客观分析，对创业前景进行谨慎评估，做到胸有成竹。

（2）按照种植业创新创业中所述方法，积极规避和预防自然风险，让自然风险损失降到最低。

（3）加强对农业相关政策、法律法规的学习，随时关注政策信息，以国家政策为导向做好创新创业。去除钻营思想，科学管理企业，增强企业生命力。

（4）按照种植业创新创业中所述方法，积极规避和预防生物风险，将病虫草害发现在初期，治理在初期，采取综合措施，全面提高抵御生物风险能力。

（5）科学引种，做好引种试验。改善局面气候、土壤环境，加强技术管理，增强植物抗逆性能，全面提升植物适应性。

第五节　加工类（农产品深加工）

一、概述

如稻谷、玉米，将其加工为大米、玉米粉的生产，称为粗加工；在完成粗加工的基础上进一步加工制作成副食品，以追求更高附加值的生产，称为深加工。

农产品深加工细分产业领域包括：谷物深加工（包括小麦深加工、稻米深加工、玉米深加工、小杂粮深加工等）、薯类深加工、蔬菜深加工（包括蔬菜提取物、保鲜蔬菜冷冻蔬菜、脱水蔬菜等）、水果深加工、热带水果加工（包括水果提取物、保鲜水果、冷冻水果、速冻水果等）、坚果深加工、浆果深加工、棉麻深加工、花卉深加工、茶叶深加工、蜂产品深加工、特色农产品深加工（包括中国大陆各地区特色的农产品）等。

二、杂粮深加工

1. 现状

我国杂粮种类繁多，是世界上重要的杂粮生产国之一。谷子的种植面积和总产量居世界第一位；荞麦、糜子和黍稷种植面积和总产量均居世界第二位；高粱种植面积和总产量居世界第八位和第六位；蚕豆占世界生产量的1/2；绿豆、小豆占世界生产量的1/3；燕麦、豇豆和小扁豆是主产国，因此，我国有“小杂粮王国”之称。我国目前是世界上最大的杂粮生产国和出口国，杂粮年种植面积约900 万公顷，生产总量在2 000万吨以上。其中，荞麦、燕麦、糜子、青稞等面积约为350. 8 万公顷，占3. 8%；谷子、高粱面积约240 万公顷，占2. 3%；绿豆、豌豆、蚕豆、小豆等面积约为320 万公顷，占2. 6%。杂粮总产约1 970万吨，占全国粮食总产量的4. 2%。其中，荞麦、燕麦、糜子、青稞等产量约为766 万吨，占1. 6%；谷子、高粱产量约为720 万吨，占1. 5%；绿豆、豌豆、蚕豆、小豆等产量约为486 万吨，占1. 1%。我国杂粮分布很广，各省、市、区都有不同规模杂粮的种植面积。如谷子分布在23 个省、区；高粱在全国各地都有种植；大麦分布在24 个省、区；荞麦主要分布在12 个省；燕麦分布在16 个省；蚕豆主要分布在23 个省；绿豆和红豆在24 个省

有种植。杂粮虽种植分散，但是多数仍分布在生产条件较差和贫困的地区，以西北、西南为主。我国杂粮面积在35万公顷以上的有11个省、区，在70万公顷以上的有内蒙古、山西、云南等省区。杂粮营养丰富并具有较强的保健功能。如莜麦中蛋白质、脂肪、矿物质总量及不饱和脂肪酸含量均居谷物之首，特别是所含的β–葡聚糖在所有谷物中含量最高，β–葡聚糖对于维持血糖平衡和抑制胆固醇的吸收具有明显的效果；荞麦种子中8种必需氨基酸含量丰富，荞麦面粉的蛋白质的含量很高，约为10%～15%，荞麦中的黄酮类物质—芦丁具有软化血管、降低血脂和胆固醇的功能，对预防高血压、心血管疾病也有独特的功效；小豆是制作各种糕点馅和风味食品的原料，具有活血、消肿、解毒等多种药用价值；绿豆富含氨基酸和矿物质，具有清凉解毒，止泻利尿，滋补强身的作用；薏苡仁中除了蛋白质、脂肪、碳水化合物和维生素B_1含量较高外，还含有薏苡素、薏苡酯等功能性成分。因此，因地制宜的开展杂粮加工产业，运用高新技术来控制和操纵食品的物理结构和化学组分，将会使杂粮加工更加符合现代食品要求，为杂粮食品发展提供巨大的开发潜力和广阔的市场空间。目前的杂粮加工可分为四大类型：一是原粮或经过简单分选、包装的初级加工品。二是传统风味小吃。三是方便食品。四是以高粱、大麦等杂粮为原料的酿造食品。

现在我国杂粮深加工产品主要有以下一些形式。

（1）杂粮饮品。包括普通型饮料和发酵型饮料。如富含黄酮物质的荞麦功能饮料、大麦茶、大麦咖啡、绿豆汁、薏苡仁保健饮料、燕麦乳、小米奶饮料等；而辅以牛奶、蔗糖，经乳酸菌发酵制成的荞麦酸奶、小米酸奶、薏苡仁酸奶则属于发酵型饮料。

（2）黄酮类物质。黄酮类化合物具有清热解毒、活血化瘀、改善微循环拔毒生肌、降糖、降脂等生物功效，并可吸收紫外线。自荞麦中提取的类黄酮作为医药原料和添加剂用于制作中成药、营养保健食品、护肤霜、防辐射面膏、淋浴液、生物类黄酮胶囊、生物类黄酮牙膏等制品，具有广阔的开发前景。此外，生物类黄酮物质还可作为天然抗氧化剂来抑制油脂酸败且无毒副作用。

（3）植物油。荞麦胚芽经洗涤、脱水干燥、压榨后可制得荞麦油。荞麦油中含有的脂肪酸种类多且不饱和脂肪酸多为反式脂肪酸，易进行脂肪酸代谢。薏苡仁经提取后得到的薏苡仁油具有抑制肿瘤细胞生长，增强肌体免疫，降低因化疗引起的白血球减少的功效，其营养保健功能已得到公认。

（4）蛋白提取物。荞麦种子经碾磨、碱提、浓缩、中和、杀菌、干燥制得的荞麦蛋白萃取物有较强的胆固醇抑制作用。国外对荞麦蛋白质的利用主要是将其作为产品的配料，以改善食品的组织结构，增加营养价值。

（5）多糖、淀粉类提取物。大麦含有55% ~65%的淀粉，其淀粉可用于制作天然淀粉、淀粉衍生物、果葡糖浆等；薏苡仁多糖是从生产薏苡仁以后的残渣中提取出来的，具有降血糖的作用。从燕麦中提取出的β－葡聚糖作为功能性食品的成分，可应用在食品、美容和医药行业；燕麦水溶性β－葡聚糖凝胶是一种弱凝胶，作为食品配料添加到食品中口感舒适。

（6）发酵食品。酱类和醋类是日前已开发出的发酵制品。在蒸煮的大豆中加入荞麦、食盐混合发酵而成的荞麦酱，外观酱红色，风味独特，赖氨酸、精氨酸、甘氨酸及其他游离氨基酸均比普通酱类高。荞麦醋则具有苦荞特有的香气，酸味柔和。

（7）焙烤食品。焙烤食品是食品中的一大门类，目前，已有将苦荞麦叶经粉碎后添加到小麦面粉中生产富含黄酮物质的保健型面包、桃酥；以杂粮面粉为主料生产的苦荞饼干、荞麦面

包、荞麦即食面、荞麦蛋糕、荞麦小米蛋糕、黑豆麻辣蛋白肉、燕麦面饼干、燕麦片、小米曲奇饼干、小米红曲色素、小米威化饼、小米酥卷、小米饼干等。

（8）酒类食品。自古以来四川省凉山地区的彝族人民就用苦荞麦为原料酿酒。如今，杂粮中的大麦是生产啤酒的主要原料，而小米、高粱也均可用来生产啤酒或白酒。其中，以小米为原料生产出的新型酒产品就以其独特的液体颜色和保健功能而成为酒类市场上的新宠。

（9）膨化食品。目前，以黑小米、黑玉米、黑豆等黑色杂粮为主要原料加工膨化食品已经出现。采用科学的工艺，在最大限度地保留其黑色素及其他营养成分的基础上，又在配料中加入奶粉等营养物质和呈香物质，产品营养丰富、口感好，适合各类人群食用，具有一定的保健作用。

（10）方便食品。杂粮方便食品过去以前以杂粮挂面居多，如今基于先进的分离组合技术而生产的杂粮八宝粥和采用新型加工设备、工艺生产的杂粮方便面顺应大众对于加强营养、平衡膳食的要求而为杂粮深加工道路开辟了新的途径。

2. 发展趋势

（1）依靠科技提高杂粮食品的品质和加工技术。大多数的杂粮都具有口感较差的缺陷，这也是制约杂粮消费的一个重要因素，因此，通过基础研究了解食品风味与功能特性以及食品的组分及其相互作用；食品加工前后的感官品质测定；开发有效环保的工艺将食品原料及其分离的组分转化为高附加值产品。

（2）大力开发杂粮功能性食品。功能性食品除具有营养功能外，还有增进人体健康，调整机体生理活动的功能。杂粮富含多种生理功能活性物质，充分利用这种资源开发各种功能性食品与保健品是杂粮开发的一个重要方向。

（3）开展杂粮的多元化利用途径研究。根据不同杂粮的原料特性与人们的消费习惯，将杂粮原料深加工转化为方便食品、休闲食品、食品配料及生物质材料等多种产品。以高粱为例，世界上42%的高粱用于人类食用，48%的高粱用于动物饲料。美国过去主要将高粱用于饲料、宠物食品与乙醇，现在主要研究应用于早餐谷物、休闲食品、烘焙与酿造工业。

三、红薯深加工

目前，我国的红薯制品加工处于低层次相对过剩，淀粉及淀粉制品质量普遍较差，粉品的质量安全也受市场的关注，而优质红薯粉品市场相对短缺，全自然无公害粉品更少。农业综合开发是党中央、国务院加强农业的重大决策，是国家支持和保护农业的重要举措，是进一步发展农村生产力的有效途径，是提高农业综合生产能力最直接、最有效、最快捷的一项措施。

1. 甘薯方便粉

工艺流程：甘薯（马铃薯）淀粉→除砂→脱色→和粉→挤压糊化→凝沉→松丝→干燥成型→附加调味料→包装成品。

操作要点：

（1）淀粉处理：选用优质的甘薯（马铃薯）淀粉，加水浸泡。通过除砂机除去砂石，过120目筛网，滤去粗渣，按干淀粉量的30%添加酸浆，充分搅拌，脱色6～8小时，用清水漂洗3次。

（2）和粉：将处理好的甘薯（马铃薯）和玉米淀粉按一定比例倒入和粉机，添加少许植物油和海藻酸钠，搅拌8～12分钟，保证粉团干稀适度。

（3）挤压糊化：将和好的粉团直接倒入单螺杆挤压机中，过Φ0.8毫米筛板成型，水浴温度95℃，该过程实质是淀粉的糊化，又称化，成型的粉丝用鼓风机散热、冷却。

（4）凝沉、松丝：糊化后的粉丝在常温下凝沉4～5小时，

或在冷库中冷冻 2～3 小时，库温为 −4℃，然后用松丝疏散。

（5）干燥、包装：粉丝松散后，沥干明水，定量装入托盘，通过烘干机热风干燥，于 65～75℃ 下烘干至含水量 12% 左右，然后附加调味料，封盖、自动收缩包装即为成品。

2. 速冻甘薯制品

操作要点：

（1）原料验收：选用外形呈纺锤形、圆锥形，肉质呈黄、橙色，无病变和机械损伤的甘薯原料。

（2）切条：要用多功能切割机，将甘薯切成截面积为 2.8 厘米×2.8 厘米，长度 8～10 厘米的长条。

（3）气蒸：清洗后薯条均匀地平铺在蒸盘上，沥干水分，用蒸汽至熟透，气蒸时间 3～5 分钟。

（4）速冻：宜使用流态式连续速冻机。当速冻温度降至 −40℃左右时进料，调节运行速度在 25～30 分钟内，使产品中心温度达到 −25～−18℃，表面不龟裂，薯体不连接即可。

（5）冻藏：用纸箱包装后的甘薯条迅速送入冷藏库中，库温保持在 −18℃或更低，冻藏期间温度波动控制在 2℃以内。

3. 甘薯茎尖罐头

操作要点：

（1）原料选择及处理：将新鲜甘薯茎尖除去虫斑叶及枯黄、破损叶，裁剪均整、沥干，在 0.2% 的 Na_2SO_3 护色液中浸泡18～24 小时，清水中漂洗至叶面无黏滑感后装罐，注入 80～90℃ 的罐液。

（2）排气、封罐：装罐后 80℃ 条件下排气 10 分钟然后封罐。

（3）杀菌、冷却：115℃ 条件下杀菌 3 分钟，快速冷却至 40℃以下，杀菌。

（4）检验、包装：将破罐、胀罐剔除后，抽样进行感官、理化及微生物指标检验。

4. 干制甘薯茎叶

将品种优良、成熟适度的鲜嫩甘薯茎叶采收、清洗后，用沸水烫漂至半熟程度，然后晒干，再用塑料袋定量密封，精制包装即可。

5. 甘薯茎叶保健饮料

抽提新鲜甘薯茎叶的汁液，加以科学配制，可制成清香爽口的集食疗、食补于一体的饮料。其操作要点：

（1）选料清洗方法同上。

（2）煮汁调配将沥干水分的甘薯茎叶放置在夹层锅中，加水浸没，煮沸 10 分钟，保持 65～70℃煮 1 小时左右，滤出汁液，滤渣再加水在微沸状态或 95℃条件下加热 30 分钟，滤出汁液，二次混合即得浅黄绿色澄清液。调配时按 100 千克水加 30% 甘薯茎叶液汁、6% 蔗糖、0.03% 糖蜜素、柠檬酸适量，调 pH 值 = 3.8～5.2，0.2% 蜂蜜、异维生素 C 钠适量、乙基麦芽粉适量、0.1% 羟甲基维生素钠。

（3）灌装杀菌在料液温度 85℃时搅拌均匀，及时装入易拉罐。经杀菌后迅速冷却，及时包装入库。

6. 甘薯啤酒饮料

以鲜甘薯为原料，辅以大枣汁，利用啤酒酵母和葡萄球酵母混合发酵，经调配、杀菌，制成酸甜可口，香味纯正，泡沫洁白、丰富的新鲜甘薯发酵配合饮料。

操作要点：

（1）液化：添加 0.1% α-淀粉酶，在温度 70℃，pH 值 = 5.6 条件下，液化 60 分钟。

（2）糖化：添加 0.1 的糖化酶，在温度 55℃，pH 值 = 4.5 条件下，反应 30 分钟。

（3）醪液调整：浆液可溶性固形物浓度调整 4%～5%。pH

值为 4. 8 ~5. 2，干啤酒花 1%。

（4）接种发酵：添加 2% ~3% 啤酒酵母液态培养液及 2% ~3%（w/w）的固定化葡萄酒酵母种子，发酵温度 10 ~12℃，时间 3 ~4 天，醪液发酵终点可溶性固形物含量为 2% ~2. 5%。

（5）调配后发酵：添加可溶性固形物含量为 5. 5% ~6% 的枣汁，调节 pH 值为 4. 2 ~4. 3，发酵温度 10 ~12℃，时间为 2 ~3 天，发酵终点可溶性固形物含量为 2% ~2. 5%。

（6）澄清：罐温降至 0℃ 左右，保持 12 小时，吸上清液，要求液体的透光率大于 95%。

（7）杀菌：料液终点 pH 值为 4. 0 ~4. 2，属酸性食品，采用巴氏杀菌公式为 10 ~20 ~15 分钟/70℃。

第四章　新农民创新创业信息化应用

第一节　信息化在新农民创新创业中的作用

信息时代的来临，改变着越来越多的农民命运，也使现代农业变得越来越近、越来越清晰，它不仅深刻改变着农民的传统观念，也给职业农民创新创业带来新的机遇。

党的“十八大”报告明确指出，坚持走中国特色新型工业化、信息化、城镇化、农业现代化道路，促进工业化、信息化、城镇化、农业现代化同步发展。积极促进现代信息技术与农业的融合，用信息化推进农业现代化，是贯彻落实上述重要精神的有力举措。

当今时代，数字技术、3S 技术、云计算、移动互联网、物联网、大数据、智慧地球等现代信息技术是现代科学技术的佼佼者，已经服务于人类经济与社会发展的各个领域，并已开始渗透到各领域的各个环节。农业领域各环节都涉及现代信息技术的应用。

信息化融入农业现代化，已经表现在农产品生产、加工、流通、消费各个环节，以及政府部门的相关管理和服务中。

一、信息化推进农产品消费的现代化

近年来，为了破解农产品“卖难买贵”的困境，中央“一号文件”多次强调要将提高农产品流通效率作为重要工作来抓，信息化在促进农产品流通现代化方面怎样发挥作用，以及在确保

农产品质量与提高消费满意度上发挥了重要作用。

信息化推进农产品流通现代化，突出体现在农产品价格发布和供求对接上。通过建立农产品批发市场信息采集系统、电子化交易平台、智能化产品质量监控系统等，实现电脑、手机等终端设备进行价格信息的发布、汇集、展示、查询。利用互联网、物联网等现代信息技术，建立农产品电子商务平台，开展线上、线下结合的鲜活农产品网上批发和网上零售，以及农业合作社与城市超市对接、农业合作社与城市消费合作社对接和订单农业，多渠道、多形式促进信息流、物流和资金流的融合，降低农产品交易成本。

确保农产品质量与提高消费满意度，通过建立从产地到市场的全程质量控制系统和追溯制度，以产品条码为信息传递工具，对农产品产地环境、生产过程、产品检测、包装盒标识等关键环节进行电子监管和可追溯，实现对农产品从原料供应、加工、包装、销售等整个流通过程的全程追溯管理。如上海爱森猪肉安全全程追溯系统，将射频芯片（RFID）应用于生猪的全程饲养管理中，为以后流通中安全追溯提供支持，对生猪养殖、检疫、市境道口检查、屠宰、批发、零售等环节的有关质量信息加以记录，并进行全程监控，保障了猪肉产品的质量安全。

物联网的有些功用，可让人们直接观察到一些农产品的生产环境及生产过程，可以帮助提高消费兴趣与信心。今后，宣传、推介、销售农产品以及满足个性化农产品的消费需求，信息化都将大有用武之地。

休闲农业是我国休闲消费新业态，目前，这方面已经有不少信息服务平台，比较突出的是由农业部乡镇企业局支持和指导的“魅力城乡”休闲农业信息化服务平台。它能提供多种搜索、电子地图服务、观看全景漫游、利用客户端软件享受贴心服务、提供电子商务服务等。

二、信息化推进农业服务的现代化

近年来，我国农业管理信息化建设快速发展。在农业电子政务上，农业部已上线运行农业信息采集、农产品监测预警、农产品和生产资料市场监管等30多个业务系统，相继开发与应用草原监理、渔政指挥、动物疫病防控、病虫害监测及植物检验检疫、农机购置补贴、财务监管、视频会议、应急处理等管理信息系统；北京、浙江等省（区、市）已建立了农业地理信息系统，加载了农业及其生产、经营、管理、服务等不少基本信息；农业部和一些省（区、市）农业部门正在建立农民承包地确权、登记、发证情况的数据库，建设“三资”管理信息平台和土地流转信息服务平台，这将大大有利于决策与管理、服务。部分省（区、市）把电子政务延伸到了农村基层，推进了政务公开、管理透明、政策落实和群众监督。

在农业生产安全管理上，已建立了农机安全管理信息化平台，可及时采集农机购买、使用、出租、转让、维护、年检、报废等信息，实现农业机械安全检验、登记、驾驶操作人员考试、发牌发证、安全检查、事故处理等监督管理信息化。渔业方面，已在捕捞船上配备信息接收终端、卫星船位监测终端和AIS避碰设备，初步建成了卫星船位监测系统、渔业船舶自动识别系统（AIS），提升了捕捞船信息化装备和安全生产监管水平。

在农业服务方面，大家比较熟悉的气象信息服务，国家气象局已经具体提供全国“三夏”期间天气形势预测预报、全国小麦收获期间天气形势预测预报、全国早稻（或晚稻）收获期间天气形势预测预报等，其中有旬报、月报、季度报、年报等。伴随着越来越多的气象规律被揭示，防灾、减灾和利用自然力的能力越来越强，今后应更好地利用气象信息服务，变靠天吃饭为顺天或用天吃饭。在农业社会化服务方面，出现了农业综合服务信

息平台。如福建“世纪之村”、湖北渔洋溪村等农村信息化综合服务平台、浙江“农民信箱”、农业部“12316农业综合信息服务平台”等，它们可以把农业机械和为农企业服务等各种农业社会化服务力量整合其中，把农业社会化服务求、供关系整合起来，通过短信、彩信、语音、视频等多种方式，对求、供行为实行及时、准确、低交易成本对接，从而满足农民（农场等）生产、生活需求，帮助各种服务商发现用户与拓展市场。

今后，我国农业、农村、农民将经历深刻的社会变迁，即发展呈现农业集约化规模化、农村城镇化、农民职业化的趋势，农业综合服务信息平台将会大显身手。

当前，农业信息化发展面临难得的机遇，同时也任务艰巨。今后，推进农业信息化的重点工作都有哪些呢？

农业部发布的全国农业农村信息化发展“十二五”规划和最近发布的《农业部关于加快推进农业信息化的意见》，对推进农业信息化有很好的指导性和可操作性。个人认为，实践重在机制培育、基础设施建设、实施一批示范性项目、完善政策等方面应花大力气。

第一，重视培育良好的农业信息化发展机制。需要不断地摸准需求，努力解决好发展的内生性动力问题和可持续发展问题。今后，一是需要进一步加强顶层设计，充分发挥各部门职责，强化协同，形成发展合力。二是需要强化农业信息化工作体系的力量，包括社会组织的力量。三是注重总结推广先进经验（包括学习国外先进经验，举办信息化与现代农业博览会等），开展项目示范，支持先进适用信息技术的研发与推广。四是需要进一步强化政府与市场力量的有机结合。政府公益性信息化服务，其具体建设、技术开发、运行管理可以进行财政购买，以定向委托、招标采购等方式外包给社会中介机构或企业去做；政府的平台要为专业协会、涉农企业、基层合作社提供方便性服务，以降低社会中介组织和小微企业进入农业信息化的门槛及成本。五是需要大力支持企业等市场化力量的服务及经营行为，为他们解决好经营及发展的社会环境，同时给予一定的政策支持和资金扶持，如减免其税负、加大贷款支持、降低贷款利率等。六是把开展农业信息化情况列入地方政府部门工作业绩考核内容，开展农业信息化成果评选。

第二，不断加强农业信息化基础设施建设。只有基础打牢了，农业信息化才能顺利推进。一是要针对偏远地区加强相应设施建设，确保通讯畅通。对于游牧民、沿海渔民等活动范围较广的农业生产者，利用我国自主研发的卫星通讯设备为其建设小型卫星电话通讯系统，实现对我国农业生产者的全覆盖。二是进一步推进“宽带下乡”。利用光纤通讯、3G 无线宽带网络等信息技术，提高农村宽带接入能力。支持电信运营商加快农业信息化建设，支持通讯设备制造商开发适用于农村的一体机、基于 3G 网络的无线接入设备，加快宽带网络在农村的推广使用。三是积极推进农村地区的“三网融合”。研究制定农村“三网融合”发展规划和相关政策。在条件比较成熟的地区，开展农村“三网融合”示范工程。四是加强关键技术装备研发推广。鼓励各研究机构、信息化装备生产企业，开发符合农业需要的各类传感器、计算机硬件模块、相关监控软件等；建立农业生产过程中对光、水、温、肥等条件的需求数据模型，为计算机智能控制提供数据支持，用现代信息技术产品装备各类农业生产者。

第三，组织实施一批农业信息化示范项目。需要组织实施以下 3 类可操作性强、效益明显、具有较强示范效应的项目。第一类：基础支撑类信息化项目。建设好国家级农业资源数据库，主要农产品生产信息收集和发布平台，农业综合服务信息平台，农产品质量安全监管平台，国家级农业云计算服务中心等基础支撑性项目。第二类：生产应用类信息化项目。如精准农业、设施园

艺、养殖业智能化管理等项目。第三类：经营性服务类信息化项目。加强农业龙头企业信息化、批发市场信息化、农民专业合作社信息化、农业电子商务平台等项目建设。

第四，制定并实施农业信息化补贴政策。当前，宜制定并实施的农业信息化补贴政策有两大类：一是对农户上网及购买信息服务实行补贴，包括对互联网接入、农户购买电脑智能手机等信息化终端设备、农民信息技术培训、所付信息服务费等，建议给予50%左右的费用补贴。二是对应用信息化技术产品实行补贴。例如，农户、农民专业合作社、农业企业自主选择政府推荐名单内的产品，一旦使用就给予一定的补贴，降低先使用者的购买成本。

目前，由于各地条件不同，以信息化推进农业现代化的发展是不平衡的，这一方面是正常的，属于客观原因，一方面也有主观上的事，如思想认识是否到位、领导是否重视、有关部门是否提出了得力措施、有否坚持落实规划等。从信息化的特性看，从本人调查的情况看，用信息化推进农业现代化无论经济发达地区还是欠发达地区（包括我国东、中、西部）都应该抓紧进行，晚进行不如早进行，谁更早些和多些开展工作，谁就能得到更早更好的回报，谁就能走到前头，谁就是强者。

第二节　信息化在职业农民创新创业中的运用

武夷山市兴田镇南源岭村小伙子郭峰强，他今年种植的9亩葡萄收入就有10万元。在武夷山一带，郭峰强是大胆采用新技术种植葡萄并取得成功的第一人，而这其中，网络起了不小的作用。

郭峰强介绍，2007年他看到别人种葡萄很畅销，于是也在自留地上种了一亩葡萄。因缺乏专业技术，他所种的葡萄颗粒不多，一亩地只收成500千克，比别人整整少了近一半。

好钻研的郭峰强这时才相信经验和科学的种植办法才是关键，恰好那时南源岭村信息服务站建立起来，郭峰强积极参加“百村万民”上网培训活动，学到很多上网知识。于是他开始在网络上搜集各种葡萄种植信息，学习葡萄种植和病虫害防治技术。特别是他通过网络从浙江种植户中学到了葡萄搭架技术，不仅管理起来方便，劳作效率更高，而且产量真的上去了。

在网络的帮助下，郭峰强在短短的四年时间，葡萄种植面积从1亩扩大到9亩地，葡萄产量也从几百千克上升到1 500千克以上。2014年，他种的葡萄每亩产值达1.3万元，仅种葡萄一项，收入就有10万元。

郭峰强现在自己买了电脑还装上电信宽带，他还打算在明年扩大种植面积，等有一定规模之后，还要为自己的葡萄取名、打出品牌，并建立自己的网站，通过网络销售自己的产品。

在南源岭村信息服务站，管理员江少荣介绍，服务站会定期组织村民进行电脑知识培训，且每天上午和晚上向村民免费开放，村民可以通过网络，了解和发布相关信息。下派的村党支部书记余立说，现在党员教育、村民学习、村务公开、治安管理，都依托信息服务站和网络。当年，村里葡萄种植达180多亩规模，而之前两年还不到30亩。

一、通过QQ群、微信、微博、论坛等社交媒体和信息平台，促进创新创业交流

许亚同是一名地道的职业农民，他背后，有一家公司，有一个协会。在公司、协会和农户之间，他走的是“协会+公司+基地+服务站+农户”的辐射带动模式，乍一看，这种做法现在很常见，可是许亚同靠网络整合信息，让这种模式变得与众不同。

蜗牛养殖，主力是农户；农户养殖，多靠发展庭院经济。这

分散的经营如何统一管理、统一指导，无疑是个麻烦事。一开始，许亚同和同事是挨家挨户上门服务。可跑断腿、累死人也忙不过来。随着网络的普及，许亚同开始“借力”。他建起了蜗牛技术交流网，开设了蜗牛微博，建起了蜗牛QQ群和微信平台，这套方法效率高，还可以全方位对每一户农民进行技术指导。微博沟通、QQ说话，朋友圈交流、谁有麻烦随时可以解答。许亚同说，没有便捷的信息技术手段，农民的庭院经济很难实现致富梦。

二、通过电子商务手段，打开农产品销路

以中国最大的农业互联网公司“一亩田”为例，自成立以来，一亩田就推出农产品行情数据服务。每天早晚两次的数据更新量达到30多万条，品类包括畜牧养殖、生鲜果蔬、粮油种植、鲜活水产、林业苗木、中医药材、特种养殖等涵盖33个省份的1 500种细分农产品种类。

作为农产品种植户最头疼的就是农产品卖不出去，而作为农产品经纪人操心的更多还有农产品的品质如何把控、物流时间、仓储费用、收购资金不足等一系列的问题。

如何解决这些长期的桎梏？以张北为例。张北位于河北省西北部，是绿色食品生产基地。一亩田在当地设立了办事处。办事处职能之一，就是面对面、手把手帮助农户使用App。

通过这个应用，农户可以马上参与，比如北京新发地市场具体采购订单的竞价，价格合适直接联系，几分钟就可以成交。

不仅如此，通过一亩田内部智能分析匹配系统，农产品经纪人还可以看到每日哪个市场什么产品最赚钱、什么产品砸行赔钱、哪个地区供应量大、哪个地区供应量少等。

传统上农产品流通是劳动密集型的业务，现在则可以是技术密集型的业务。一亩田办事处已经同张北20%的农产品经纪人

建立了联系，已经对张北约10%的农产品供应进行了认证，一亩田对产地的供应商进行实名、实地、签约供应商的认证。这些都是免费的服务，采购商通过网站采购签约供应商农产品，遭遇诚信问题将获得一亩田的先行赔付。

就农产品交易来说，信用是一个问题，有时候不是没有生意，而是采购商担心到外地人生地不熟，容易吃亏。现在一亩田产地办事处工作人员作为第三方会陪同双方完成交易。

让经纪人更感兴趣的还有一亩田加盟办事处的无抵押小额贷款模式，一般情况下，办事处通过一亩田完成每一笔交易，一亩田都会为办事处出具一个信用记录，随着信用记录的增加，将会给予经纪人不同额度的无抵押贷款。这无疑解决了相当一部分农产品经纪人现金流不足的现实问题。

基于市场，移动互联网公司深入产地服务于农户，农户直接对接城市采购商，不但降低流通成本，而且可以同城市采购需求密切联系起来。农民朋友可通过诸如此类正规的农业信息化平台，了解供求信息，打开农产品销路。

三、通过信息化技术实现农业现代化

如在种植业生产过程中，测土配方施肥已经比较普遍，采用地理信息技术、决策系统技术和网络技术等，结合地形地貌、土壤类型、化肥农药使用以及产量等数据绘制电子地图，取相关信息提供给施肥、灌溉等专家支持系统，可实现田间施肥、灌溉、喷药的自动化、智能化。可通过远程视频监控、先进感知与遥感、信息采集与传输、计算机智能处理决策技术的集成应用，对大田作物全生育期动态进行监测预警和生产调度。如安徽省计划于今年启动小麦苗情、墒情、病虫情、灾情“四情”监测调度系统二期项目建设，完成36个监测点建设，实现对56个小麦主产县小麦“四情”监测全覆盖。

在养殖业生产过程中，可应用集传感器、智能监测与控制、移动通信等于一体的设施化养殖系统，实现畜禽育种及养殖、肉蛋奶生产、饲料生产、养殖场管理、畜禽舍环境控制、疫情监测及防治等方面或环节的自动化、智能化。利用水环境参数监测传感器、智能化的渔业生产专家系统，可实现水产养殖环境理化参数监控、自动投饵、饲料配制等一体化的健康养殖模式。

在农产品收获过程中，利用装有卫星定位系统（GPS）的联合收割机可以实现自动测产，可提前预置加油站及维修网点分布情况，使农机手能轻松查找所需信息。自动采棉系统通过计算机自动控制，能准确掌握每台采棉机的运行路径、精准计算油耗。机器人能代替人从事一些繁重的农事操作，如苹果收获、黄瓜采摘、挤奶等。农机跨区作业服务直通车系统，可为农机跨区作业提供供需信息交流和配对平台。

在农产品加工过程中，自动化、智能化技术大量应用，生产效率迅速提升；目前，已形成了多层次农产品加工信息网络，建立了农产品加工国际标准跟踪平台，全国农产品加工技术推广对接平台，以及农产品加工市场信息预警服务体系。

第五章　职业农民创新创业计划和实施

第一节　结合自身情况确定创业项目

市场机会是由供求变化决定的，当某种产品供不应求时，其价格就上涨，利润就增大；反之，不仅没有利润，成本也会不同程度地赔进去。例如，河南省农家女刘娟种的“跳舞草”因其数量少，远远不能满足好奇者的需求，所以其产品出售价格昂贵，连初期追随她种“跳舞草”的人也能一举致富。但如果全国大多数人都去种“跳舞草”，它就会很快经过成长期、成熟期进入衰退期，“跳舞草”就会铺天盖地涌向市场，其市场价格就会下降，最后追随者们肯定不能获利，而且还会血本无归。

在进行生产经营活动时，每个人应根据各自不同的实际情况选择创新创业项目。部分人的资金、技术等各种条件都具备，这样他便可以结合市场未来一定时期的供求预测，合理安排，选择利润最高的一个或几个创新创业项目。

其中有的人只具备其中一部分主观条件和客观条件，还应想办法创造所不具备的条件，再结合未来市场供求情况选择项目。

还有一部分人主、客观条件具备程度不同，有的较充分，有的不太充分，这时，应想办法加强不太充分的条件，使之与致富要求相适应。

还有很多人不具备致富所要求的主、客观条件，并且在一定时期内很难弥补、创造这些条件，但也可以结合自己有限的条

件，寻找市场需求，增加自己的收入。

面对丰富繁杂的致富项目、方法和信息，人们要结合实际情况和事物的变化来判断项目的真假优劣，以便正确地选择。

有的农民创新创业项目、方法、信息已过时，这时要结合别人的情况和市场的变化，作出正确的判断，不能盲从。有的创新创业项目，只能在特定的地理、气候、资源条件下才能致富；有的创新创业项目要求个人具备某种特殊素质。对于不具备这种条件的人来说，就不是好农民致富项目。有的项目虽然处在初期，其产品人们也需要，但却未必能致富。例如，穴播机之类的小农具，买一台需要花几十元，农民每年只能用上一两天，大部分时间闲置，不少农民认为买它不值得，该农具就难销售，像这种项目就不是好的农民创新创业项目。某些项目，对少数人来说是优等项目，但人人都搞这个项目，产品供过于求，它就变成了劣等项目。

在任何地方的发展，都应当因地制宜。创业也是如此，道理一点就懂，但真正做得好的地方却是少之又少。建议您在农村创业更应该发挥当地的优势，以下几点意见供参考：

一、因地制宜，因时而种

农业离不开天，离不开地，各地不同土壤不同，气候不同，作物也不同，甚至施肥打药都不同，在没有设施栽培的时候，因地制宜是不可忽视的，宜林则林、宜草则草、宜耕则耕。发挥自身地理气候优势，充分利用自然资源，农业要搞的名堂还是很多的。

二、出奇制胜

《孙子兵法》说以正合，以奇胜。出奇制胜对任何商战都是有用的。对农业来说，笔者认为出奇就是创新，新品种、新技术、新观念、新点子等往往能让你先获商机，稳操胜券。对小规模投资农业，出奇往往能让你快速得到第一桶金，获得最重要的原始积累。

三、发展特色农业、养殖业

现在市场上农副产品竞争也很激烈，但总体来说，比起工业产品来说，农副产品在许多方面都有很大的发展余地。首先是标准化，大多数农副产品都没有清晰的质量标准，以及质量控制体系。其次是品牌化，很少农副产品有著名的品牌，现在是建立农副产品品牌最佳时机，这是很大的商机。

四、科技第一生产力

谁都不能忽视科技带来的生产力，据报道新科技对农业的贡献率是大于60%。好的种子、好的技术、好的农药、好的化肥，好的农机等等都是科技创造出来的。什么精准农业、信息农业、设施农业、无土栽培等等都离不开科技，可以说，没有科技就没有今天农业的欣欣向荣。掌握知识、科学种田，应该深入投资农业者的心中。

农民朋友创新创业不仅要了解自身优势和劣势，还要清晰创业所在地产业发展优势和劣势，正所谓，知己知彼，百战不殆。

第二节　创业能力评估

企业的成功很大程度上取决于企业主人的性格、技能水平和经济状况，工作作风、管理风格。创业是一种挑战，在决定创办一个企业之前，必须认真评估个人创业能力，以判断自己是否是适合创办企业，是否已具有创办企业的基本条件。

一、企业的概念

企业是从事生产、流通、服务等经济活动，以生产或服务满足社会需要，实行自主经营、独立核算、依法设立、具有经济法人资格的一种营利性的经济组织。

传统的企业大多是劳动密集型，现代的高科技企业大多是知识型创造企业，中国的企业正在向知识经济转型。

简言之，企业就是指，依法设立的以盈利为目的、从事商品的生产经营和服务活动的独立核算的经济组织。

从动态的角度看，企业是一个个人或一个群体，以盈利为目的而进行的商品生产和交换活动。一个企业既要从市场上采购商品（产品或服务），又要在市场上向顾客出售其生产加工的商品（产品或服务）。这些经营活动形成了两股流：

（1）商品流——指从市场上购买商品（设备、原料等），并向市场销售商品（产品、服务等）的商品活动流。

（2）资金流——指资金支付（原材料费用、修理费用、租金等）和资金流入（销售收入回款等）的资金活动流。

由于企业的目的是盈利，因此流入企业的资金应多于流出的资金。一个经营成功的企业，可以连续多年通过有效的经营循环，不间断地进行采购、生产、销售活动（产品或服务）。

二、创办企业的利与弊

开办自己的企业会有许多回报，可以掌握自己的未来，有机会过上富足的生活。不过，一旦当了业主，也会遇到很多困难，生活将不像当雇员时那么简单，至少在企业创办初期是如此。很多业主失败的主要原因是对企业管理不善。

创办企业意味着要去从事企业的经营活动，这不同于受雇于别人拿工资的情况。要办企业，就得全力以赴，做大量艰辛的工作，只有这样，才能使企业获得成功。

自己创办企业有利也有弊，好处主要表现如下。

1. 自己创业的好处

（1）可以有利润收入，按照预期，它比薪水高很多。

（2）可以更好地把握自己的命运。不像被雇佣那样完全听命于他人。

（3）在一定程度上可以按自己的节奏工作。

（4）可以满足社交需求，得到大家尊重。

（5）可以感受创造以及为地区和国家做贡献的乐趣。

2. 创办企业也会出现很多问题，面临一些挑战，甚至是烦恼

（1）用自己的积蓄去冒风险。

（2）不分昼夜地长时间工作。

（3）无法度假，生病也得不到休息。

（4）自己创办企业后，将失去稳定的工资收入。

（5）虽然不用再为向别人讨薪而发愁，但要为别人向讨薪而发愁。

（6）不得不做自己不喜欢的事，如清洁、归档、采购等。

（7）因为手中的钱要做为生产资金或扩大再生产的资金，所以，手中的用于家庭生活的资金可能比创办企业前更少。

（8）创办企业后，特别是创办企业初期，需要全身心的投入到工作中，闲暇的时间会很少。

在决定创办企业前，还需要对创办企业的后果有一个清醒的认识，如果成功，创业者可以实现自己的愿望和目标，如果失败创业者可能血本无归、倾家荡产或负债累累。

三、创业能力评估

在许多人眼里，创业就是一场比尔·盖茨式的“运动”：有

了创意就能开公司，开了公司就会财源滚滚。结果成功者有之，失败者更是大有人在。据有关人士多年研究统计和总结发现：我国个人创业领域的问题和风险，存在着可怕的“95% 现象”。

• 在职者群体中，有 95% 的人想过个人创业。

• 在想过个人创业的在职者群体中，有 95% 的人一直只是停留在想象的阶段。

• 在付诸实际行动的个人创业者中，有着高达 95% 的失败率。

• 在所有个人创业失败案例中，有 95% 不是因为项目本身的问题。

企业的成败取决于创业者自己。在决定创业之前，应该分析评价一下自己，看看是否具有创业的素质、技能和物质条件。成功的创业者之所以成功，是因为他们工作努力，且具有经营企业的素质和能力。思考以下问题判断自己成功的可能性有多大。

（1）是否有强烈的创业愿望。

（2）是否有坚定的创业信心。

（3）是否有充沛的精力。

（4）是否有较强的沟通能力。

（5）是否有较强的组织协调能力。

（6）是否有较强的感召力和领导能力。

（7）是否具有创业所需的农业技术知识。

四、财力评估

办企业除了经营能力之外，还需要有足够的资金。如果没有任何存款，也没有可接受的担保品，就不可能从一家银行或金融机构获得贷款。于是就不得不用自己的积蓄，或向亲友借贷去开办企业。

如果用自己的积蓄去开办企业，是不能把自己所有的钱都投进去的。因为，如果家庭没有其他收入来源，所有的生活开支就必须从积蓄中支付，直到能靠企业盈利来支撑家庭生活为止。一般情况下，一家新企业至少要运转3个月以上，才会产生足够的利润来支付创业者及其家庭的生活费用。

因此，在开办企业之初，要对自己的财务状况进行客观和详细的评估，保证自己的经济状况允许开办自己的企业。有足够的积蓄对开办企业很重要，只有这样，才能保证家庭在企业还不能挣钱之前能够生存下去。

第三节　创建企业构想

对自己是否适合创办企业有了一个明确的认识之后，接下来就要考虑打算办什么样的企业，也就是要为自己选择并建立一个好的企业框架构思。

一个成功的企业始于正确的理念和好的框架构思。合理而又周密的企业框架构思可以避免日后的失望和损失。如果框架构思不合理，无论投入多少时间和金钱，企业注定会失败。

一、企业行业分类

按企业的所属行业和经营特点，企业可大致分为农业企业、工业企业、商贸企业、服务企业等。

（一）农业企业

农业企业主要是指从事农、林、牧、渔业等生产经营活动，具有较高的商品率，实行自主经营、独立经济核算，具有法人资格的营利性的经济组织。

农业企业是农业生产力水平和商品经济有了较大发展，资本主义生产关系进入农村以后的产物。早在14世纪，英、法等国已出现了最早的资本主义性质的农业企业——租地农场。产业革

命以后，各种形式的农业企业，如家庭农场、合作农场、公司农场、联合农业企业等大量发展，成为农业生产的基本经济单位。中国的农业企业在 1949 年以前为数很少。中华人民共和国成立以后才迅速发展起来。1979 年以后，随着改革、开放和农村商品经济的发展，农业企业出现了多种形式。这类企业有以下特点。

（1）土地或水域是农业生产的重要生产资料，是农业生产的基础。

（2）农业生产具有明显的季节性和地域性，劳动时间与生产时间的不一致性，生产周期长。

（3）农业生产中部分劳动资料和劳动对象可以相互转化，部分产品可作为生产资料重新投入生产。

（4）种植业和养殖业之间存在相互依赖、相互促进的关系，从而要求经营管理上必须与之相适应，一般都实行一业为主，多种经营，全面发展的经营方针。

（二）工业企业

工业企业又称制造业企业，是指依法成立的，为满足社会需要并获得盈利从事工业商品生产经营活动，经济上实行自主经营、自负盈亏、独立核算，法律上具有法人资格的经济组织。

工业企业是最早出现的企业，是社会经济发展到一定历史阶段的产物，是现代社会化大生产和商品经济的产物。它具有以下特征。

（1）工业企业是以盈利为目的的经济组织，工业企业作为经济组织，必须追求经济效益并获取盈利，盈利是企业生产经营活动取得成果的体现，也是企业生存和发展的基础，它有别于政权组织的公安、检察、法院，有别于机关，还有别于事业单位的学校、医院等。

（2）工业企业是从事工业生产经营活动或提供工业性劳务

的经济组织，工业企业在生产经营方向、经营方式等方面有别于农业、商业、建筑业、运输业、金融业、邮电业等企业。

(3) 工业企业是自主经营、自负盈亏、独立核算的商品生产者和经营者，工业企业作为经济组织，必须拥有一定的人力、物力、财力资源，还必须拥有充分的独立经营自主权，包括资产的处置权和产品的生产销售权等。

(4) 工业企业是具有法人资格的经济实体，工业企业作为依法成立的具有法人资格的经济实体，必须完备三个法律程序：①必须正式在国家工商管理部门注册备案。②必须有特定的名称、固定的经营场所、一定的资金、一定的组织机构和企业章程。③能独立对外行使法定权利和承担法律义务。

(三) 流通企业

在商品流通过程中，从事商品批发、商品零售或者批发零售兼营的企业，称为商品流通企业。凡以批发价格、批零一价或低于零售价的价格销售给商业批发和零售单位、个体商贩的商品，销售给公交企业用于生产的原材料、燃料；销售给建筑安装企业，基本建设单位的建筑材料，销售给医疗单位的药品、医疗器械，销售给外贸企业供出口的商品，销售给饮食业作原料的商品等等业务，均属于商品批发业务。凡是按零售价格，以及按上述价格销售给使用单位和消费者商品的业务，属于商品零售业务。零售商品直接进入消费领域，而批发商品则不直接进入消费领域。

流通企业完全专业化于“交易的生产”，拥有一定的资本规模、专流通企业研讨用的交易技术和成熟的流通网络，大大降低了市场交易成本、提高了整个社会的交换效率。有以下特点。

(1) 流通企业以集中交易替代各个生产者（消费者）之间的分散交易以减少交易次数、以程序化交易替代一次性交易以降低交易风险、以合理的网点设置以缩短交易距离，充分实现了交

易“生产”上的规模经济，降低了交易成本，提高了交易效率。

(2) 流通企业专业化于交易活动，其交易技能在使用中日益熟练、新的交易技术不断创生、流通网络逐步扩大并渐趋于完善，大大提高了交易效率（专业化利益）。

(3) 流通企业的高度专业化使得其自身也被“套牢”于高度专业化的交换经济系统中，难以从中间交易地位上退出，有利于推动整个社会的分工和交易的良性循环。

(四) 服务企业

服务企业是指从事现行营业税“服务业”科目规定的经营活动的企业。与制造型企业相比，服务型企业的一个最大特点就是人力资本在企业资本中的占比高，人力资本已经成为服务型企业的“第一资源”。服务型企业的经营理念是一切以顾客的需求为中心；其工作重心是以产品为载体，为顾客提供完整的服务；其利润总额中，提供服务所创造的利润占据重要比例。与传统的产品型企业相比，服务型企业能够更好地满足顾客的要求，提高顾客的满意度和忠诚度，增加服务型企业的利润，增强服务型企业的市场竞争。

服务型企业经济活动最基本的特点是服务产品的生产、交换和消费紧密结合。由此而形成了其经营上的特点。

1. 范围广泛

由于服务业对社会生产、流通、消费所需要的服务产品都应当经营。因此，在经营品种上没有限制。服务业可以在任何地方开展业务，因而也没有地域上的限制。在社会分工中，是经营路子最宽、活动范围最广的行业。

2. 综合服务

消费者的需要具有连带性。如旅店除住宿外，还需要有通讯、交通、饮食、洗衣、理发、购物、医疗等多种服务配合。大型服务企业一般采取综合经营的方式；小型服务企业多采取专业经营的形式，而同一个地区的各专业服务企业必然要相互联系以形成综合服务能力。

3. 业务技术性强。

4. 分散性和地方性较大

服务型企业多数直接为消费者服务，而消费是分散进行的。因此，服务业一般实行分散经营。各地的自然条件和社会条件的不同，经济、文化发展的一定差别，特别使一些为生活服务的行业，地方色彩浓厚，因而服务企业又具有较强的地方性。

此外，还有建筑企业、交通运输企业、邮电企业、采矿企业、租赁企业、仓储企业等，有的企业也可能跨行业经营，比如前店后厂模式的企业，就是工业企业和流通企业的复合体。再比如裁衣店同时也卖纽扣、拉链等，是服务企业和流通企业的复合体。所以，要以主经业务内容来决定一个企业的经营类型。

创业者要认真分析各类企业的不同特点，掌握这些企业的经营要素，再结合自身情况，确定自己创办的企业类型。

二、企业规模

企业按规模可分为大型企业、中型企业、小型企业、微型企业等，分类依据主要是企业人数和营业收入，以工业为例：

（1）大型企业是指：从业人员 1 000 人以上或营业收入 40 000万元以上的。

（2）中型企业是指：从业人员 300 人以上或营业收入 2 000 万元以上的。

（3）小型企业是指：从业人员 20 人及以上，且营业收入 300 万元及以上的。

（4）微型企业是指：从业人员 20 人以下或营业收入 300 万以下的。

小微企业是小型企业、微型企业、家庭作坊式企业、个体工

商户的统称，是由经济学家郎咸平教授提出的。财政部和国家发改委发出通知，决定在未来 3 年免征小型、微型企业 22 项行政事业性收费，以减轻小型、微型企业负担。创业初期，从小做起、实事求是、量力而行，小微企业是最好的选择。

三、寻找好的企业构思

企业构思就是要创办企业的大致想法，也就是说要选择一个什么项目创业。要寻找一个好的企业构思，一般情况下可从以下两条途径之一去探索，最好是两条途径同时使用。

1. 从生产专长出发

即从自己的技术专长、设备专长、场地专长等方面出发，寻找好的项目，这是面向生产的寻找方法。

2. 从顾客需要出发

即从市场需求出发，寻找好的项目，这是面向市场的寻找方法。

最好的方法是同时沿着两条途径开发企业构想。如果只从自己的专长出发，却不知道是否有市场，产品就有可能会滞销，企业就可能会失败。同样，如果没有技术来生产高质量的产品或提供优质的服务，就没有人来买这些产品或服务，企业也可能会失败。也就是说，只有既能满足市场需要而又懂行的企业构思才是可行的。

四、制定创业计划

在构思变为企业实现之前，创业者要广泛收集信息，以这些信息为依据并制定创业计划，看看这个企业是否会成功。

创业计划是一份书面文件，它详细描述了企业的方方面面。它可以帮助创业者认真思考和评价自己创办企业的构思中的劣势。使这个企业在创办之前就在虚拟的环境中进行测试。

第四节 市场评估

一、农产品市场的特殊性

要进行市场评估，就必须了解市场的特性，对于农村创业者来说，还应该了解农产品市场与其他市场相比，具有的一些固有的特殊性。

（1）农产品市场交易的产品具有生产资料和生活资料的双重性质。农产品市场上的农副产品，一方面是可以供给生产单位用作生产资料，如农业生产用的种子、种畜和饲料等；另一方面，农产品又是人们日常生活离不开的必需品。

（2）农产品市场具有供给的季节性和周期性。农业生产的周期特点，使农业生产有淡旺季之分，数年之中也有丰产、平产、欠产。因此，在农产品供应中解决季节性、周期性的矛盾，维持均衡供应是非常重要的工作。

（3）农产品市场风险比较大。农产品是具有生命的产品，在运输、储存、销售中会发生腐烂、霉变、病虫害，极易造成损失。

（4）农产品市场多为小型分散的市场。农产品生产分散在千家万户，农产品集中交易时具有地域性特点，通常采用集市贸易的形式，规模小而且分散。

（5）农产品市场的基本稳定性。农产品供求平衡且基本稳定，是社会稳定和保证经济发展的要求。

农产品市场的这些特性，使农产品的市场营销具有自己的规律。创业者在市场营销活动中，要自觉地按照客观规律指导自己的生产经营活动，才能取得预期的经营成果。

二、收集顾客信息

顾客是企业的上帝，如果创业者不能以合理的价格向他们提供他们需要的产品，他们就会到别处去购买。没有顾客，企业就会倒闭。顾客购买产品或服务是为了满足不同的需求，如果解决了顾客的问题，满足了他们的需要，企业就有可能成功。因此，收集顾客的信息，也就是做顾客方面的市场调查，这对任何创业计划来说都是很重要的。

（一）收集顾客信息的主要内容

信息的内容主要包括：

（1）顾客想要什么产品或服务？每个产品或服务的哪方面最重要？规格？颜色？质量？还是价格？

（2）顾客愿意为每个产品或每项服务付多少钱？

（3）顾客在哪儿？他们一般在什么地方什么时间购物？

（4）他们的购买周期有多长，每年？每月？还是每天？

（5）他们购买的数量是多少？

（6）顾客数量在增加吗？能保持稳定吗？

（7）为什么顾客购买某种特定的产品或服务？

（8）他们是否在寻找有特色的产品和服务？

通过做顾客调查，可以得到上述这些问题的可靠答案，有助于判断企业构思是否可行。

（二）收集顾客信息的方法

1. 统计资料法

通过其他企业的各种统计资料、原始记录、营业日记、订货合同、客户来函等，了解企业在营销过程中各种需求变化情况和意见反映。

2. 走访法

主要是通过第一线进行实地走访收集顾客信息。此法由于信息来源直接，可以减少传递者的主观偏见，所得资料较为准确。

3. 会议现场收集法

主要是通过各种业务会议、经验交流会、学术报告会、信息发布会、专业研讨会、科技会、技术鉴定会等，进行现场收集。

4. 阅读法

主要是指从各种报纸、杂志、图书资料中收集有关信息。报刊是传播信息的媒介，只要详细阅读，认真研究，不难发现其中对自己有用的信息。据国外一所战略研究所分析，世界上有60%～70%的信息情报是来自公开的图书资料，可见从阅读中收集信息的重要性。

5. 视听法

主要是指在广播、电视节目中去捕捉信息。广播与电视是大众传播媒介，信息传递快，除广告外还有各种市场动态报道，这些都是重要的信息源。

6. 聘请法

根据企业对信息的需求情况，聘请外地或本地的专职或兼职信息员、顾问等组成智囊团，为创业者提供专业情报，并为企业出谋划策。

7. 购买法

这是一种有偿转让信息情报的方法。随着信息革命的发展，国内外新兴起各种信息行业，如咨询公司、顾问公司等，他们负责收集、整理各种信息资料；各类专业研究机构、大学研究部门也有各种信息资料。购买法就是向这些信息服务单位有偿索取，虽然这些资料多数属于第二手资料，但省时且来源广，只要目的明确，善于挑选，也不失为重要来源。

8. 网络收集法

现代信息快速通道——网络，是现代信息收集的主要方法，它具有快捷、直观、丰富等特点。互联网是主要媒体之一，创业

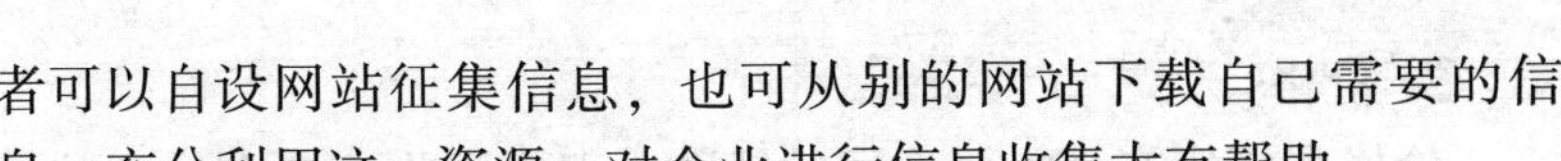

者可以自设网站征集信息，也可从别的网站下载自己需要的信息。充分利用这一资源，对企业进行信息收集大有帮助。

三、收集竞争对手的信息

对市场进行调查，只了解潜在顾客的情况还不够，还需要了解竞争对手的情况。通过了解竞争对手的情况，可以学到很多东西。通过了解他们做生意的方法，可以帮助创业者找到实现企业构思的方法。收集信息的内容主要有：

（1）他们的产品或服务的价格怎样？

（2）他们提供的商品或服务的质量如何？

（3）他们如何推销商品或服务？

（4）他们提供什么样的额外服务？

（5）他们的企业坐落在地价昂贵还是便宜的地方？

（6）他们的设备先进吗？

（7）他们的雇员受过培训吗？待遇好吗？

（8）他们做广告吗？

（9）他们怎样分销产品或服务？

（10）他们的优势和劣势是什么？

四、制定市场营销计划

在掌握了市场、顾客和竞争者的情况后，便可以着手准备市场营销计划了。制定市场营销计划的一种方法主要是从市场营销的产品、价格、地点和营销手段 4 个方面着手。

1. 产品

产品是指创业者计划向顾客销售的东西或服务。创业者要决定想出售的产品的类型、质量、颜色和规格等。如果企业是服务型的企业，那么所提供的服务就是产品。对于零售商和批发商来说，产品是指那些性能、价格和消费需求相近的一类物品。

2. 价格

价格是销售产品时要换回的钱数。但实际收入还会受到其他因素的影响，如产品打折和赊销。在确定了产品之后，创业者要为其定价。在制定产品价格时，要考虑成本和竞争对手产品的价格，依据这个价格，制定出更为合理的产品价格。

3. 地点

把企业设在什么地点，地点是指把自己的企业设在什么地方。如果计划开办一家零售店或一家服务企业，地点是非常重要的，必须把它设在离顾客较近的地方，这样才便于顾客光顾。一般来说，如果竞争者的店离顾客近，顾客就不会跑很远的路来创业者的商店。

而对制造商来说，离顾客远近并不是最重要的，最重要的是能否容易获得生产所需的原材料。这就是说，工厂或车间应该设在离原材料供应商较近的地方。能获得低租金的厂房对于制造商来说也很重要。

选址也要考虑产品的分销方式和运输问题。仅仅生产好的产品是不够的，必须要让顾客方便地得到产品。

4. 营销手段

营销是指把企业的产品信息传递给顾客，吸引他们来购买产品。营销通常有 3 种方法：

广告——向顾客提供产品信息，让他们有兴趣购买产品。可以通过报纸或广播做广告。招贴画、小册子、铭牌、价格表和名片也是给企业和产品做广告的方法。

宣传——在地方报纸或杂志上刊登介绍新企业的文章（俗称软文），从而达到免费促销的目的。

销售促销——当顾客光顾创业者的店时，要想方设法让他们买产品。促销的手段很多，例如，可以用醒目的陈列、展示、竞赛活动吸引顾客，也可以用买一赠一的方式，刺激顾客的购

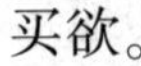

买欲。

五、销售预测

销售预测是制定创业计划时最重要和最困难的部分。收入来自销售，没有好的销售就不可能有利润，大多数人往往过高估计自己的销售额。因此，在预测销售时不要过分乐观，应保守一点，留有余地。

做销售预测不是一件容易的事，必须通过市场调查来做出销售决定。预测销售有几种基本方法：

经验法。创业者可能在同类的企业中工作过，甚至在竞争对手的企业中工作过。应该对市场有所洞察和了解，并用在这方面的知识来预测销售。

对比法。将企业资源，技术和市场营销计划与竞争对手的进行比较。基于他们的水平来预测企业销售，这可能是最常用的销售预测方法。

实地测试法。小量试销产品或服务，看看能销出多少。这种方法对制造商和专业零售商很有效，但不适合于大量库存的企业。

预订法。可以通过要求提供产品或服务的近期来函来预测销售量。如果企业客户不多，可以采用这种方法。这种方法适用于出口商、批发商或制造商。可以用预定单来预测销售。

调查法。调查访问那些可能成为客户的人，了解他们的购买习惯。我们不可能访问所有的潜在顾客，所以需要做抽样调查。抽样调查的对象要能够代表潜在的客户群。

第五节　制定团队计划

产品是靠人来生产的，所以，需要为新企业做团队计划，组织企业人员去实现生产销售计划。为了使新企业顺利而成功地运作起来，必须很好地安排人员。必须知道企业有哪些工作要做，一个有效率的企业，必须有一支具备知识和技能的员工团队。

每个员工都对企业的成功起作用。要认真对待雇佣员工的问题，要考虑员工的职责，懂得如何安排他们的工作。

小微企业规模不大，一般有下列人员组成：

创业者、企业合伙人、员工、企业顾问。

一、创业者

在大多数小微企业中，创业者就是经理。创业者（经理）可以行使以下职责：

开发创意，制定目标和行动计划。组织和调动员工实施行动计划。确保计划的执行，使企业达到预期的目标。

在计划开办新企业和制定企业计划时，要考虑自己的经营能力，要明确哪些工作可以由自己去做，哪些工作是既没能力也没时间去做的。如果需要一个经理，就要考虑他应具备的能力和经历。

向其他有经验的业主请教，看看他们是如何管理企业和员工的。

二、企业合伙人

如果企业不止一个业主，这些业主将以合伙人的身份，共享收益，共担风险。他们将决定彼此如何分工合作。也许一个人负责销售，另一个管采购，还有一个抓管理。

要管理好一个合伙制企业，合伙人之间的交流一定要透明和诚恳。合伙人之间意见不一致往往导致企业的失败。因此，有必要准备一份书面合作协议，明文规定各自的责任和义务。

三、员工

如果没有时间或能力把全部工作包下来，就要雇人。最小的企业可能只需要雇 1～2 个临时工就可以了。有的企业却需要雇佣更多全职员工。

为了雇到合适的员工，参照企业构思，把该做的工作写出来。明确哪些工作自己做不了。雇员工来做这些工作，要详细说明所需技能和其他要求。决定完成每项工作需要的人数。要向员工（包括业主本人）支付的工资。

当知道需要雇佣员工后，要把岗位的工作职责写出来。岗位职责规定了某一特定领域里要做的工作。这样做不仅让员工确切知道企业需要他们做什么工作，将来还可以将其做为考核员工的标准。

四、企业顾问

企业顾问是指能够运用科学的原理和有效的方法，结合自身丰富的企业运营经验对企业的战略，管控和经营上带来改善的企业外部专家。

第六节　预测启动资金

启动资金以字面意思可以这样理解，就是在做一个项目时，就项目前期准备工作所需要投入的资金，比如，厂房新建、装修、绿化，以及相关配套设施等，完工后，以后所需要的就是运营资金了。

一、启动资金的类型

启动资金用来支付场地（土地和建筑）、办公家具和设备、机器、原材料和商品库存、营业执照和许可证、开业前广告和促销、工资以及水电费和电话费等费用。

这些支出可以归为两类：一类是固定资产，另一类是流动资金。固定资产是指为企业购买的价值较高、使用寿命长的东西的资金。有的企业用很少投资就能开办，而有的却需要大量的投资才能启动。明智的做法是把必要的投资降到最低限度，让企业少担些风险。然而，每个企业开办时总会有一些投资。流动资金指企业日常运转所需要支出的资金。

二、固定资产预测

投资需要资金。开办企业时，必须有这笔钱。因此，在开办企业之前，有必要预算一下企业固定资产到底需要多少资金。固定资产一般可以分为两类：用地及建筑、设备。

办企业或开公司，都需要有适用的场地和建筑。也许是用来开工厂的整个建筑，也许只是一个小工作间，也许只需要租一个铺面。如果能在家开始工作，就能降低投资。在前面谈到营业地点问题时，已经决定在哪里设置企业。现在要进一步看企业具体需要什么样的场地和建筑等。是新造房子，还是买现成的房子，还是租房子，还是在家开业，需要根据资金情况、生产经营需要、环境条件限制等进行决定。

设备是指企业需要的所有机器、工具、车辆、办公家具等。对于制造企业和一些服务行业，最大的需要往往是设备。一些企业需要在设备上大量投资，因此了解清楚需要什么设备，以及选择正确的设备类型就显得非常重要。即使是只需要少量设备的企业，也要慎重考虑确实需要哪些设备，并把它们写入创业计划。

三、流动资金预测

企业开张后要运转一段时间才能有销售收入。制造商在销售

之前必须先把产品生产出来；服务企业在开始提供服务之前要买材料和用品；零售商和批发商在卖货之前必须先买货。所有企业在揽来顾客之前必须先花时间和费用进行营销。购买并储存原材料和成品、营销、员工工资、场地和设备租金、保险和许多其他费用等等，这些都需要在有营业收入之前支付。由于农业的季节性，农业企业有时需要流动资金来支付一年的全部费用。创业者必须预测在得到营业收入之前，有多少资金来支撑企业运转，这些资金能支撑企业运转多长时间。

1. 原材料和成品储存

制造商生产产品需要原材料；服务行业的经营者也需要些材料；零售商和批发商需要储存商品来出售。预计的库存越多，需要用于采购的流动资金就越大。既然购买存货需要资金，就应该将库存降到最低限度。

如果是个制造商，必须预测生产需要多少原材料库存，这样可以计算出在获得销售收入之前需要多少流动资金。如果是一个服务商，必须预测在顾客付款之前，提供服务需要多少材料库存。零售商和批发商必须预测他们在开业之前，需要多少商品库存。如果企业允许赊账销售，资金回收的时间就更长，就需要一大笔流动资金不断地充实库存。

2. 营销费用

在企业运行初期，没有营业收入，但需要支付营销费用支出。

3. 员工工资

如果有雇用员工，在企业运行初期，就得给他们支付工资。还要以工资方式支付创业者家庭的生活费用。

4. 租金

正常情况下，企业一开始立项就要支付企业用地用房的租金。而且，租金可能一付就是 3 个月、6 个月或 1 年，会占用更多的流动资金。

5. 保险

同样，企业一开始运转，就必须投保并付所有的保险费，这也需要流动资金。

6. 其他费用

在企业起步阶段，还要支付一些其他费用，例如，电费、办公用品费、交通费等。

第七节　制定利润计划

一、制定销售价格

在确定产品价格之前，要计算出为顾客提供产品或服务所产生的成本。每个企业都会有成本。作为企业主，必须详细了解经营企业的成本。很多小企业和大企业因为没有能力控制好企业的经营成本而陷入财务困境。一旦成本大于售价，必然导致亏损，直至倒闭。因此，制定合理的销售价格，是决定企业盈亏的关键。制定价格主要有两种方法：成本加价法和竞争价格法。

成本加价法是将制作产品或提供服务的全部费用加起来，就是成本价格。在成本价格上加一个利润百分比就是销售价格。

竞争价格法是在定价时，除了考虑成本外，还要了解一下当地同类商品或服务的价格，以保证定价具有竞争力。如果定的价格比竞争者的高，要保证能更好的地满足顾客的需要。

1. 成本加价法

将制作产品或服务的成本加起来，得出总成本，然后再加上一个利润百分比的出销售价格。这种方法尤其适用于制造企业和服务企业。

如果企业经营有效，成本不高，用这种方法指定的销售价格

在当地应该是具有竞争力的。但是，如果企业经营不好，成本可能会比竞争者的高，这意味着用成本加价法制定的价格会太高，而不具有竞争力。

预测成本是一件比较复杂的事情，对于一个新企业来说，最好是参照同类企业，了解一下该企业算入了哪些成本，按照这家企业的方法，结合自身企业情况，预测成本价格。在一个企业中，企业产品成本主要由以下几项构成：

材料费、员工工资和职工福利、办公用品费、邮寄费、广告费、租金、律师和会计事务费、水电气费、燃料费、维修费、折旧费、银行收费、通讯费、保险费等。

企业成本按其属性可分为不变成本和可变成本。例如：租金、保险费等这些基本不会变化的成本叫做不变成本，也称固定成本。另外一些随着生产或销售的起伏而变化的成本，叫可变成本，如材料成本。

对于制造企业或服务企业来说，可变成本就是制造产品或提供服务的成本。

预测成本是，必须认真区分可变成本和固定成本。材料成本永远属于可变成本。如果还有其他可变成本，必须知道这些成本是怎样随着销售的增长而变化的。

折旧是一种特殊成本，它是由于固定资产不断贬值而产生的一种成本，例如，设备、工具和车辆等。它虽然不是企业的现金支出，但仍然是一种成本。

由于折旧是针对固定资产而做的。因此，需要计算固定资产（有较高价值和较长使用寿命的资产）的折旧价值。

2. 竞争比较价格

参照竞争对手的价格，看看定的价格与他们的相比是不是有竞争力。

可以同时用成本加价和竞争比较这两种方法来制定价格。一方面，要严格核算产品成本，保证定价高于成本。另一方面，应随时观察竞争者的价格，并与之比较，以保持价格有竞争力。

二、预测销售收入

在计划新企业时，知道一定量的销售能带来多少收入，叫做销售收入预测。一般情况下，用下述步骤可预测销售收入。

（1）列出企业推出的所有产品、产品系列和所有服务项目。

（2）按照自己所做的市场调查预测第一年里每个月期望销售的每项产品数量。

（3）为计划销售的每项产品和服务制定价格。

（4）用销售价格乘以月销售量来计算每项产品的月销售额。

三、制定利润计划

仅仅知道自己的销售收入是不够的。为了掌握企业实际运转的情况，一定要计算企业是不是有了利润。只有这样，才能准确知道企业是否在挣钱。利润来自销售收入减去企业经营成本。

当计划开办一家新企业时，应该预测第一年中每个月的利润。

四、制定现金流量计划

现金流量计划是显示每个月会有多少现金流入和流出企业。预测现金流量计划将帮助企业保持充足的动力，使企业在任何时候都不会出现现金短缺的威胁。现金就像是使企业这台发动机运转的燃料，有些企业主由于却乏管理现金流量的能力，导致企业经营中途抛锚。成功的企业主要都是制定现金流量计划。时常确定自己的流动资金需求，按照现金流计划进行生产经营，规避资金风险。

五、资金来源

已经确定了企业所需的启动资金额，现在，要考虑从哪里筹措到这笔资金。对于大多数小微企业来说，启动资金来自业主自己的积蓄以及从朋友或亲戚处借钱、从供货商处赊购、从银行或其他金融机构贷款等渠道。

筹措启动资金并非易事，获得开办企业的启动资金需要恒心和决心。在开办企业时，可能需要多试几个不同的渠道来筹集足够的费用。

第八节　制定行动计划

要对所有信息进行综合分析，完成并充实创业计划，再度判断创业项目有多大的成功机会，从而决定是否应该创办这个企业。

一、完成创业计划

创业计划应该包括以下几个部分。

概要——概要高度概括创业计划各部分内容的要点，勾画出企业的轮廓，概要的内容要全面、条理要清晰，它是新企业给人的第一印象。这部分尽管是在最后写成，却要放在创业计划的首页。

企业构思——企业构思概括描述企业，重点说明要推出的产品或提供的服务，以及顾客群体。

市场评估——任何企业都是通过满足顾客需求而获取利润。对市场的大小，未来的前景，以及顾客、竞争对手都要进行调查和了解。市场营销计划说明针对什么特定顾客群的需求来确定产品的市场定位，详细介绍产品或服务的特点、价格、营业地点、销售渠道和促销方式。

企业组织——这部分谈将如何组建新企业，包括企业的类型，组织结构、员工和职责。

企业财务——任何企业的目的都是盈利。创业计划的这个部分就是要通过测算销售额、成本和利润来反映企业的效益和启动资金的需要量。

附件——一般来讲，提供的信息越详尽，获取帮助的机会就越大。所以，诸如申请哪种营业执照、产品或服务目录、价格表、岗位责任和工作定额等均应附在创业计划后面。

不同类型的企业可以用适合自己情况的格式来写创业计划，银行等金融贷款机构可能要了解的情况会更加的详细，也可能会要其他形式的创业计划，但上述内容都是必不可少的。

二、制定开办企业的行动计划

现在已经决定要开办企业了，要制定一份行动计划，规定清楚有哪些工作要做、由谁来做，以及什么时候完成。把要做的事情列一份清单，主要包括：落实营业地点、落实启动资金、办理企业登记注册手续、接通水电、接通电话、购买或租用机器设备、购买原材料、招聘员工、办理保险、广告宣传等，最好每一项都落实责任人和时间表，保证高效高质地完成开业准备工作。

企业一旦运转起来，每天的工作就会非常繁重。一个优秀的企业主要处理好日常的企业管理工作。主要包括监督管理员工、购买原材料或服务、控制生产、为顾客提供服务、控制成本、制定价格、做业务记录等环节。

1. 监督管理员工

企业的成功是由所有员工的整体业绩带来的。如果员工的技能不足、积极性不高、配合不当，即便有一个好的企业构想，最终也无法成功。所以要非常重视对员工的培训和激励。一是要建

立和增强团队意识，提高员工的工作积极性，提高工作质量标准，提高生产效率。二是要重视员工培训，使员工能学到新的、更有效的工作方法。三是要重视员工的安全。

2. 采购存货、原材料或服务

所有的企业都买进卖出。零售商从批发商处买来商品，然后卖给顾客。批发商从制造商处进货卖给零售商。制造商从不同渠道采购材料制成商品卖给顾客。服务行业的经营者买设备和材料，然后出售他们的服务。慎重地采购原材料和选择服务可以降低成本进而提高利润。

3. 生产管理

生产监控是制造行业和服务行业的一项日常工作，通常包括生产什么、何处生产、何时生产、生产数量、生产质量等内容。这些工作的目的就是合理组织企业，为顾客提供保质保量的产品。

4. 为顾客服务

营销是使那些现有的和潜在的顾客了解产品。常见的营销手段有在报纸或杂志上做广告、散发传单或小册子、利用广播和电视做广告、在橱窗和公共场所挂广告招牌等。

5. 掌握和控制成本

作为企业主，要彻底了解生产成本或进货成本，把成本维持在最低限度。这方面的信息来自于财务会计系统。即使是最简单的财务记录，也会为我们提供计算企业成本的依据。企业成本是企业资金支出的根源，合理控制成本能提高企业的利润。

6. 制定价格

要为产品或服务制定合适的价格，使产品或服务既能产生利润，又具有相当的竞争力。要明白，只有销售收入大于产品的服务成本，才会有利润。

7. 业务记录

作为企业主，必须知道企业经营的状况。如果经营遇到困难，通过分析业务记录可以发现问题所在。如果企业运转良好，也能利用这些记录进一步的了解企业的优势所在，使企业更具有竞争力。做好业务记录能帮助企业主作出有利的经营决策。

要经营好一个企业，还要不断地提高自己的管理能力。必须不断地学习，改善经营。随着经营管理能力的提高，企业也就更具成功和盈利的希望。

第六章　新农民创新创业典型案例

案例一："养猪"书记扎根农村和村民共同创业

寒冬十二月，年关将至，天气也变得越来越冷。清早起床后，一个身影习惯性地前往离家不远处的猪舍，走两圈，看一看，有没有什么异常情况，没有他心里才踏实。早上到猪舍查看猪的长势是他每天做的第一件事情。而除了查看猪舍，他还要忙村上的事，帮助村民排忧解难。这就是四川省遂宁市安居区磨溪镇板仓村支部书记卢双华每天的生活。

卢双华，1986 年出生在安居区一个普通的农民家庭。2008 年，从四川民族学院毕业后，卢双华回到老家发展。这一年，恰好考上村官的他，选择了扎根农村创业养猪，这一干就是 7 年。这 7 年，他走过了不平凡的创业生活……

从村官起步

寒窗学子返乡走上创业之路

2008 年，随同一大批高校毕业大军，毕业于四川民族学院的卢双华走出了校门，回到了老家磨溪镇板仓村。

卢双华出生在普通的农村家庭，父母常年在西藏打工。2008 年 7 月，卢双华回到老家，准备考教师，考村官，希望能尽快谋求一份稳定的工作。幸运的是，他考上了村官，当年 9 月就正式上岗。

对于大学生村官，卢双华了解不多。“反正就是在村里做事情，也有可能继续当农民。”一听朋友说“窝”在乡坝头当农民，卢双华心里凉了许久。“一个月只有 900 多元的工资，除去保险就更少了。”面对这样现实的困境，卢双华坦然，曾一度感到纠结和茫然。

板仓村并不富有，村民的收入也很低，大多数年轻人都选择外出务工去了。作为村官的卢双华白天黑夜都在思考着这样一个问题：“村民的出路在哪里？自己的出路在哪里？”看着家乡大片大片的撂荒地，一条条村道路不通，村子经济发展落后。思来想去，他决定留下来，就在家乡创业，通过自己创业率先示范带动更多的村民创业致富。作为村干部，卢双华理清了自己的发展思路，明确了发展目标。

两次跌倒两次爬起

创业路上历经坎坷坚持梦想

在得知儿子考上村官后，远在西藏的父母感到十分的欣慰。同时了解到儿子还要在老家创业的事情，父母更是表示支持。卢定保夫妇一直外出打工，供儿子上大学，积蓄不多。但为了支持儿子创业，夫妇俩还是东拼西凑了 2 万元。

卢双华通过多方走访，发现村里有种冬瓜的传统。2009 年初，他种下 20 多亩冬瓜，可到了上市的时候受市场供过于求的影响，大量冬瓜卖不出去，最后贱卖，甚至烂在了地里。第一次创业就亏损了 1 万多元，宣告失败。认真地总结经验教训，卢双华深刻认识到了市场供求的道理，明白了信息不通和技术落后带

来的危害。

“不甘心，真的很不甘心。”卢双华回忆起当时的心情，依然能深刻感受到那种涌动在血液里的干劲。2010 年，他又盯上了林下土鸡养殖项目，找亲戚朋友借款几万元，承包下村民的几十亩沙田柚林地，买来 500 只鸡苗，还没等土鸡上市，才饲养三四个月的时间，一场鸡瘟又摧毁了他的梦想。看着眼前一堆堆的死鸡，卢双华只有发呆。

反复思考，反复总结。卢双华深刻明白，要干成一件事情，不是那么容易的。受挫的心理，更肩负沉重的压力，他依然渴望干成、干好一件事情。他不仅要打拼自己的事业，更要给村民做好创业的示范。接下来一段时间，卢双华走访技术部门，网上查阅资料，进一步调研当地经济发展的现状和市场的行情。经过一番充分准备，卢双华几乎掏空了家里的积蓄，再一次迈开了创业的步子。

“养猪，养猪……”提出这个项目，卢双华有自己的思考：养猪切合农村种养殖的实际；养猪可以买保险，能够进一步降低风险……卢双华花了 4 个月的时间，先后到重庆、成都、遂宁等地拜访生猪饲养大户和相关专家了解行情与技术。

2011 年，转包了村里以前养兔的旧圈舍，卢双华开始着手谋划养猪的项目。这一年，父母从西藏务工返家，打算就在老家帮儿子养猪。在一家人的共同努力下，卢双华首先饲养了 10 几头猪，通过自繁自养的方式，逐渐扩大了养殖规模，经过努力，目前数量已达到 200 多头。一年存栏生猪 200 多头，出栏 600 ~ 800 头，按照目前 7 元/斤的市场行情，一年生猪出栏收入在 20 多万。

追逐梦想

“养猪”书记成村民创富标杆

转包旧圈舍，养猪200多头，这只是创业的起始。卢双华透露了自己今后一个时期的创业打算：一是探索学习放养；二是吸纳村民建立养猪专业合作社。卢双华说，不仅要扩大养殖规模，还要改善养殖环境，创新养殖模式，同时带动村民加入养猪行列，带领村民创业共同致富。

看着村支部书记卢双华种冬瓜、养鸡、养猪，经历坎坎坷坷，大多数村民都是持观望态度。同村的曹大明以前做种植、养殖业总是没有底气，不是怕养不好，就是怕卖不好。看到“养猪”书记卢双华创业成功了，他心里痒痒的想试一把。“一个大学生都会养猪，我们这些老农民还怕养不好吗？”50岁的曹大明走上了养猪的道路，他经常找年轻的支部书记卢双华交流，向他“取经”。今年来曹大明逐步把养猪的规模扩大，和老伴两人养了20多头猪。“比出去打工强，比以前的收入高多了！”曹大明笑着说。

如今，在磨溪镇板仓村，村支部书记带头养猪，村主任也带头养猪、种植沙田柚。同样，和曹大明一样，村里其他10余户村民跟着发展养猪、养鸡，种植香椿、沙田柚等农村经济实体，村民创业致富的信心满满，干劲十足，日子越来越充实！

案例二：农民工返乡创业酿造“甜蜜”幸福生活

“当时也是非常的犹豫，回家了一切归零，从头开始，怕一事无成，在外打工好歹一年也能有个几万元的收入。”这是贵州

省长顺县敦操乡敦操村苦竹组村民韦富荣返乡创业前的顾虑，而如今，他已是该乡最大的养蜂大户。在长顺县以及周边的县市，敦操乡的土蜂蜜很有名气，但是由于都是传统的饲养，形不成规模，产量少，经常供不应求。为此，敦操乡党委、政府在产业结构调整中，想方设法把土蜂蜜的品牌做好做大。

听说乡里鼓励发展养蜂，2014 年初，长顺县敦操乡敦操村苦竹组的韦富荣没有出去打工，在家搞起了养蜂产业。

“当初选择养蜂，就是看中了蜂蜜市场销量好，而且乡政府也很支持，我们这蜜源植物种类丰富，蜜源充足，适合蜜蜂的养殖。”谈起养蜂，韦富荣瞬间打开了话匣子。

长顺县敦操乡是典型的喀斯特地貌发育完全的地区，人均耕地只有 0.9 亩。为帮助当地群众脱贫，该乡鼓励在外务工能人返乡创业，并在政策、资金和技术等方面加大扶持力度、给予更多优惠，鼓励村民大力发展种养业。

“现在我家跟人合养了 132 箱蜜蜂，平均每箱可以产 10 千克的蜂蜜，每箱蜜蜂除去成本能赚近 1 000元。前一段时间，我们刚卖出 500 多千克的蜂蜜，零售价在每斤（1 斤 =0.5 千克。全书同）100 元左右，除掉成本，可以赚到近 10 万元。而在外面打工，像我们这种文化水平不高，只能靠体力劳动的，一年能挣个三四万就算不错了。”韦富荣对现在的生活很满意。

“有成效，老百姓才能发展。”敦操乡人民政府乡长陈勇说。“外出务工返乡创业人员见过大世面，头脑灵活，能带动更多群众致富。今年全乡中华小蜜蜂养殖达 1 000箱，近千名群众受益。到 2015 年，全乡将发展特色中华小蜜蜂到 3 600箱，让更多群众受益。”

长顺县副县长王登福说：“扶持农民工返乡创业，发挥创业农民工的示范带动作用，先富又带动后富，引导带动更多人创业，为农民脱贫致富、长远发展的打下坚实基础。”

截至到目前，长顺县引导扶持自主创业农民工5 068人，共投入创业资金43 965.83万元，带动就业人数13 905人。

案例三：七彩椒创业做深加工年营业额2 100多万

广西宁远县冷水镇贺家村村民贺志勇穿一身的蓝布工装，开着他那辆一颠就仿佛会散架的吉普车，带领大家参观他刚刚开垦出来的冷坪山。这里的土质，种出来的辣椒又香又辣，种出来的山脚萝卜甜得可以当水果吃。去年，贺志勇的宁远云泰农业开发有限公司已在该县发动农户种植野山椒、七彩椒等各色辣椒近2 000亩，仍意犹未尽。

“村里的荒山荒地有700多亩，开垦出来承包30年，每年能够给村里增加10万元的收入。”贺志勇告诉记者，他将根据不同土质特点，种植辣椒、小籽花生或果树，构筑他的绿色农庄。

要重点打造的，是神奇的七彩椒基地。将珍珠椒与四季果嫁接而成的七彩椒，小樱桃般大小，从挂果到成熟，能变幻出7种颜色，肉质又厚又脆。种得好，一株的产量就达20千克，价格是普通辣椒的两倍。去年，贺志勇试探性种了20亩，被当地电视台一宣传，县城里的人争先恐后开车来“赏椒”。贺志勇索性请他们自己下地采摘，再教他们如何腌制，一天竟能采摘上千千克。

“今年，再加种100亩。”贺志勇说，七彩椒不仅观赏性好，腌制成的酱汁七彩泡椒也是畅销产品。

至此，贺志勇任理事长的宁远县合丰野山椒种植专业合作社，种植的辣椒品种达到8种，他成了名副其实的“辣椒王”。而且，合作社农户种植的辣椒，云泰公司都会以保底价或市场价回收，再利用他在广东深耕多年的销售网络，销路不愁。

当然，这里面利润最可观的，就是他深加工而成的“老贺”

牌系列酱椒、泡椒制品了，足有15个品种。“一块钱一斤的辣椒，可以制4瓶辣椒酱，按1瓶5元钱计算，深加工收入就是销售原材料的20倍。”老贺说，7年前他就发现了这个秘密。

以贸易见长的老贺，涉足食品深加工，颇费了一番周折。

2008年，老贺在广东省佛山市开着云泰贸易商行，生意做得风生水起。一场国际金融风暴，由商行供应粮油副食品的几家大工厂，一夜之间倒闭，他的近百万元货款全部泡汤。

面对从全国各地跑来跟随他一起闯荡的战友，老贺打起背包，和10多位战友一起来到广西百色和容县等地种植野山椒，很快种植面积发展到了4 000多亩，“参军入伍7年，培养了一股不服输的犟劲。”

老贺动起了回到家乡宁远搞农业深加工的念头。搞农业深加工，最核心的就是技术，老贺决定自己去学。他先后来到广东的两家食品加工企业，当起了保安和搬运工，抓住一切机会向技术员请教。他在外面学，然后电话遥控妻子在老家做试验，做出来的试验品，客户品尝后个个赞不绝口。短短5个月，他花去了近10万元的学费。

去年，“老贺”牌系列酱椒制品，营业额达2 100多万元。老贺今年要做的，就是把家乡远近闻名的太平辣椒、冷水山脚萝卜等特色农产品拿到北京去申请地理标志认证，而且，相关绿色认证和有机认证也在申请当中。

案例四：不走寻常路，农民养鳖成创业典型

这几天，浙江余姚冷江水产养殖场的养鳖专业户余鹏一直奔走在宁波的各大超市，他准备在三江和华润万家两家超市之外，把自己养殖的生态鳖打入宁波市区的其他大型超市。除此之外，刚刚获得宁波地区唯一“全省现代农民创业典型”称号的余鹏，

又着手进行第二次创业，上半年已分别在江西省和宁波市的周边乡镇进行了养殖基地的物色。

余鹏“日夜与鱼鳖为伴”的养殖生活始于1996年夏季。那年他在老方桥镇建立了冷江水产养殖场，踌躇满志地准备大干一场。可不料却连着3年遭遇不幸：第一年因为缺乏养殖经验，甲鱼存活量极低。第二年，遭遇特大台风袭击，河蟹大量逃逸。第三年，原以为熬出头了，但甲鱼价格突然发生暴跌。望着满塘卖不出价钱的甲鱼，想到数十万元的资金付诸东流，精神和经济的双重压力使余鹏面临艰难的选择：是进还是退？

不服输的余鹏在经过短暂的困惑后很快重新坚定了自己的信念。1999年，经过一段时间的市场调查，他确定并非消费者不爱吃鳖而是嫌外塘养殖的鳖口味差，于是尝试着进行生态养殖。很快，他的试验就见了成效，当年养殖的2 000只生态鳖供不应求。2000年，余鹏“趁热打铁”与周边的40多家养殖户建立了公司+农户的新型合作关系，由他的养殖场进行统一供种、统一技术服务、统一保护价回收。尽管当年甲鱼的市场行情还不是太好，但余鹏坚持“宁可自己不赚钱，也不能让农户吃亏”的原则，以诚信赢得了养殖户的信任，并使这种合作关系的规模得到进一步扩大。到2002年，他已与市内外近百户养殖户建立了合作关系，养殖面积达到5 000亩，年销售额超过千万元。

随后，余鹏在全市个体养殖户中率先为自己的产品注册了“冷江”商标，生产基地也相继被认定为宁波市和浙江省绿色农产品基地，生态鳖被评为宁波市、浙江省绿色农产品及国家级无公害农产品。与此同时，他积极发展现代“订单农业”，仅今年上半年，就向鹿亭、大岚等周边农户提供鳖种3万余只，套养面积约3 000亩，预计年底这些农户的总收入可达200余万元。余鹏感言：“创业成功使我个人走上了富裕路，但是让更多的农户共同致富才是我今后更高的追求目标”。

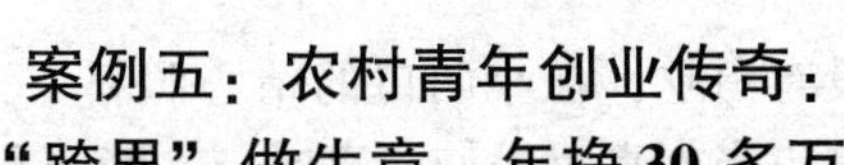

案例五：农村青年创业传奇：“跨界”做生意　年挣30多万

32岁，5年的时间里，创办了一家养牛场、一家火锅店、一家烧烤店外加两家牛肉店，年挣30多万元，农民的儿子，这些字眼书写了一个农村创业青年刘喜财的“传奇”故事。刘喜财话语不多，略显青涩。“我从一个养牛户到自己开店当老板，经历了5年多的时间。5年里，风风雨雨，磕磕绊绊，能坚持下来并拥有一片自己的小天地，完全靠‘坚持、诚信’四个字。”刘喜财感慨万分地说。

创业艰难　不轻言放弃

刘喜财出生在黑龙江省大庆市林甸镇，是土生土长的林甸人，老家在花园镇永久村。如今，提起刘喜财，村里的老人们都会说：“这娃儿能吃苦、讲诚信，一准儿能成事儿。”

说起创业的经历，刘喜财说他不想回味，因为太苦。在“不情愿”中，刘喜财讲述了他的创业之路。时间回到2009年，这一年，原本在城市里打工的刘喜财辗转反思后下了一个决定：回家创业。由于家在农村，回家后的刘喜财搞起了养殖。

“花园镇是全市有名的养牛大镇，当时别人都以为我要养牛，但我却选择了养猪。”刘喜财说，一个原因是减小竞争，另一个是看好养猪前景。

说干就干，连借带凑弄齐钱后，200头小猪、10头母猪被拉回家中。为了喂好猪，刘喜财学习了养猪和防疫技术。为了能照顾好这些猪，还将家搬到了猪圈里。“那会儿整天和猪呆一起，全身都是猪粪味，走路时别人都绕着我走。冬天猪圈四处透风，早上起来我和媳妇的头发上都是霜。”回想当时的情景，刘喜财唏嘘不已。

辛苦确实没有白吃，在小两口的精心照料下，200 头小猪长得格外结实。可正当刘喜财夫妇欢喜时，一场流行病让他赔了个底儿朝天。“那会每天都死猪，他一边拉死猪一边哭，最后我俩抱在一起哭。”说起当时的情景，妻子黄玲玲的眼睛也湿润了。

“当时我就对媳妇说了，这点儿事不算啥，天塌不下来。事还要做，不管多难都要继续干！”刘喜财说。

大志向　从“小牛倌”做起

抹干眼泪后，刘喜财又将养殖目光投向了肉牛养殖。可是钱从何来？也许是上天眷顾，刘喜财家的小猪虽然死一半，但存活下来的却给他带来了一笔可观的收入。“当时这些没死的猪怎么喂也不怎么长，一年后才出栏，这个时间正赶上猪肉涨价，我把家里所有的猪都卖了，挣了一些钱。”刘喜财说。

将猪“清仓”后，刘喜财将精力都放在了肉牛身上。可这一次他又吃了亏。“以前也没养过牛，虽然看好肉牛的前景，但对这行却一窍不通。”刘喜财说。

初期，因为不知道去哪里买肉牛，刘喜财就跑到公路上拦拉牛的车。最后终于拦下了，人家将 26 头牛都卖给了刘喜财。

“那会高兴啊，没费力气买了这么多牛，后来有明白人告诉我，我吃亏了，这些牛的大小参差不齐……”刘喜财回忆说。没办法，牛都拉回来了只得养。别人的牛养 7 个月就能卖，刘喜财的牛却因为个小不能卖，而饲料钱也比人家多花一倍多。正当刘喜财为此犯愁时，幸运之神又一次眷顾了他。

“别人的牛到月份就卖了，我的一年后才卖，但那时牛肉却涨价了，我挣了 5 万元。”刘喜财说，这一次他把之前欠的钱一下子全还清了。

有了这两次“经历”，刘喜财认识到，创业不能只凭运气，

要把各个因素想好想全，只有这样才能做成一番事业。

初有为　事业定创成就

几经周折后，刘喜财的养牛事业日渐兴旺。但此时，8 岁的女儿也到了入学的年纪。为了照顾孩子方便，两口子商量后决定在县城开一家牛肉店。

2012 年，刘家牛肉店正式挂牌。为了保证牛肉的质量，他采取的法子是现杀现卖。可是初到县城的他们却遭遇了卖肉难的危机。的确，残酷的市场竞争让创业中的刘喜财举步维艰。这时，有人给刘喜财出招，你家的肉这么好，就自己干个烧烤店自产自销呗。

两口子一商量，是个好办法。于是他们在肉店旁边开起了烧烤店。由于是自家的买卖，小两口在原料上从不掺假，肉味飘香。马上，烧烤店的买卖就火了起来。烧烤店火了，也把肉店带了起来。每天在刘家肉店买牛肉的客人络绎不绝。为了方便百姓买肉，他又在城东开了一家牛肉店。

这两年，两个肉店和烧烤店的生意非常稳定，刘喜财又抽身在城中心开起了全县首家肥牛火锅。许多人都慕名前去品尝，因为他们认为刘家做生意讲诚信，值得信赖。

如今，已过而立之年的刘喜财已拥有一家养牛场、一家火锅店、一家烧烤店外加两家牛肉店，一年挣 30 多万元轻轻松松。这个农民的儿子说，目前的状态他非常满意，但“小作坊”并不是他的终极理想。

案例六：发展设施农业　与乡亲们共致富

王思妮今年 40 岁，1993 年高中毕业后就开始在外面闯荡，当过服务员、营业员、接线员、干过合同工。她说：“1993 年开始在外面打工，一开始每月挣100多元钱，困难时候一天只吃一顿饭。”

到1995年，开通信店、办火锅店、加油站等，每向前迈一步，她都付出了辛勤的劳动。在最困难时期，一个多月下来，体重从70千克降到54千克。正是这样的经历，磨炼了王思妮坚忍的性格，也积累了一定的财富，学到了各种知识，掌握了很多的信息。回到家乡，她看到农村一家一户分散的种植模式效益低下，看着乡亲们生活贫穷，思想观念落后，便萌发了回家乡创业，带领乡亲们一块致富的想法。

2012年5月，经过调研和考察，她决定在家乡建立一个现代化农业生态观光园。戴着旧草帽、顶着火辣辣的太阳，蹬自行车走家串户，她不厌其烦地向乡亲们“推销”自己的想法，村里的人问她：“是不是你要咧，如果是你自己干，我们没说的。”让她没有想到的是，当初在认为最难的土地流转上，她只用了3天的时间便完成了。出于信任，53户村民决定把土地交给她。

6月，王思妮拿出全部积蓄，又在镇政府的支持和帮助下，争取到支农贷款，整合了一批种植能手、种植大户，组建了丰宣果蔬专业合作社。短短6个月，流转土地500亩，建成了29栋日光温室、68栋春秋温室、200亩节水灌溉，把办公区、交易收购大棚、机井、道路硬化等基础设施都建好了。在外闯荡多年的她看准了合作社的发展趋势，自己先以土地流转的方式承包了500亩村里土地，搞起了设施农业，然后带动乡亲们改变传统的耕作模式，一起致富。

2013年，园区就已经开始盈利。园区主打菜—西葫芦、茄子、辣椒远销河南、山西、宁夏，草莓、甜瓜供不应求。如今园区投资已超过3 000万元，阎良关山丰宣果蔬专业合作社社员达到170多户。这些年，她带领176户入社社员齐心协力搞发展，还带动了周边农户500余户，一起发展现代农业生产、观光、科

研、技术等。这两天，王思妮正着手准备建立电商平台，将通过网络销售让农产品直接入户，年底前计划投入运营。

西安阎良区关山丰宣果蔬专业合作社理事长王思妮说："合作社对社员的帮助，一个是技术方面的推广，再一个就是产中的技术指导，还有就是产后的销售。通过这种网站的建立，网上的销售，树立我们的企业品牌，让我们的社员能坐在家里通过网上去销售我们的农产品，然后将来真正实现一个订单式的农业。"

为社员免费搭建设施、发放树苗，中期技术辅导，直到最终销售，王思妮每个步骤都自己规划、设计。目前，合作社已经带动了周边两个村的500户农户创收，光园区春秋两季果蔬销售额就达到400万元。

"将来的目标是想带领社员在农业种植这一方面，然后在延伸到我们将来采摘观光旅游这一块，可能让我们每个社员家庭都会变成我们旅游观光的一个接待户，让他们通过旅游这块再去增收致富。"如今，王思妮还计划承包开发村里2 000多亩的千年古相枣林，让更多的乡亲在家门口创业。

多年的经验告诉王思妮，要让合作社长远发展，就必须做好果蔬品质，树品牌意识。因此，她除了严格按照"绿色食品流程"进行种植外，还专门制定了自己合作社的生产标准，以种植"良心蔬菜、放心蔬菜、无公害蔬菜"为己任。在做好产品质量的同时，她还在经营上想办法。一方面做好传统经营，用服务和优质品质巩固市场，吸引客商；另一方面她聘请香港理工大学的研究生，利用微信、微博和电商平台，整合园区资源，减少中间环节，实现优质果蔬直接到消费者手中，进一步扩大新市场，使合作社发展更有生命力。

从2012年至今，仅仅3年的时间王思妮就获得了突出的成绩，本人也先后被评为"西安好青年""西安市三八红旗手""阎良区巾帼创业明星""农村致富带头人"等称号。对于今后的发展，她满怀信心地说："下一步，我要建成一个图书室，让农村的娃娃们也能像城里的孩子一样，来这里学习。同时，在以农为本的观光采摘基础上，进一步延长产业链，发展休闲观光、农耕体验与绿色餐饮，提供更多的就业岗位，带领社员共同创收致富。让在外打工的乡亲们回乡创业，让留守妇女与家人团聚，让他们其乐融融地过上幸福团圆的美满生活。"

案例七：年少稳重80后，农村养兔做出大事业

几年前，蓝云杰从学校毕业后，到湖南长沙一家超市里做收银员，每个月工资仅几百块人民币，每天都要按时上下班，工作非常的辛苦。在超市打工不到一年后，他选择了回家乡创业，在村里看到有村民养兔赚了不少的钱，而且兔子都是供不应求。蓝云杰也按耐不住了，拿出自己的全部积蓄加上家里人的支持，买了一批100多只肉兔回家饲养。

但是，养兔不是说养就可以养活的，兔子需要精心的"呵护"，稍不留神就赔了夫人又折兵。由于没有做好防疫工作，100多只兔子全部病死，蓝云杰一下损失了好几千块钱，第一次创业就遭遇了失败，对他的打击不小。失败的经验教训让蓝云杰明白，养兔是一门精细的技术活，没有掌握真正的养殖技术，是根本无法靠养兔赚钱的。于是，他上网了解相关信息，当得知在梧州蒙山县一个兔业公司有着先进的养兔技术的时候，他又一次自掏腰包到该公司培训跟班学习1个月。

学成归来后，蓝云杰决心大干一场，扩大养兔规模。他的想法得到了在县城里做生意的表哥的支持，投资10多万元在交通相对便利的三里镇上河村筹建兔业园，蓝云杰则负责技术与管理。2008年6月，占地面积4 000多平方米的兔业园正式建成，当年购买笼位1 200多只，引进种兔60多组（一组为1公4母），

共三个品种，兔存栏达到近千只。

“建园后半年，我们第一批肉兔出栏销售，当时是一共收入4 385块钱，我现在还记得很清楚”，对于自己养兔的第一桶“金”，蓝云杰记忆犹新，自第一批肉兔卖出后，附近乡镇的客商纷纷来电话定货，肉兔出现供不应求的情况。

当兔业园上了一定规模后，今年，蓝云杰再投入15万元，新建兔舍600多平方米，购进笼位1 600多只，购置饲料加工设备一套。全场计划发展基础母兔600只，种植优质木草20亩，到时年可出栏商品兔18 000只左右，产值达到100万元。“我们现在正在县城寻找铺面，自己开店卖园区的兔，形成产销一条龙，把养兔业做强做大。”

由于兔业园日均产出量仅为10多只，供给远远无法满足市场的需要，因此，必须提供尽可能多的货源。此时，蓝云杰想到了带动附近农户发展兔业养殖，他计划采取“基地＋农户”的养殖发展模式，即基地跟农户签约，按成本价提供兔种，要求每个签约农户至少养殖20只基础母兔，基地负责技术服务到户，由农户自繁自养。兔业园负责组织对签约农户生产出来的商品兔进行统一销售，然后从收入中补齐提供种兔的差价。按照这个模式，每个农户每年从养兔项目中纯收入不低于15 000元。

人的一生是奋斗的一生，但是有的人一生过得很伟大，有的人一生过得很琐碎。如果我们有一个伟大的理想，有一颗善良的心，我们一定能把很多琐碎的日子堆砌起来，变成一个伟大的生命。但是，如果你每天庸庸碌碌，没有理想，从此停止进步，那未来你一辈子的日子堆积起来将永远是一堆琐碎。

案例八：27岁女大学生返乡创业养羊　销售额高达千万

“梦想还是要有的，万一实现了呢？”江苏省淮安市姑娘王伟伟对此深有体会。这个27岁的创业女性，早在高中毕业时就有一个梦想：做一名成功的商人。如今，她已是二次创业：将上大学时代理羊奶销售赚到的人生“第一桶金”，投到了家乡洪泽县的湖羊养殖项目。身边人说，这是一个青年创业的传奇；在她自己眼里，这是一个实现梦想的故事。

大二，她就有了创业的想法

初见王伟伟，很难将眼前这个清秀的姑娘和“羊倌”联系起来。但只要打开话匣子，她开口就离不开“羊”了，“我饲养的是湖羊，这种羊的特点是，每胎多羔，耐高温高湿，抗病能力强……”

与“羊”结缘，要从她在常州读大学时说起，“大二时，我有了创业的想法，就用大一当外场主持挣的三四万元成立了贸易公司，代理国内品牌羊奶和羊奶粉。”当时正遇上三聚氰胺奶粉事件，国内乳业市场动荡，她原以为羊奶可以趁机打开市场。可没想到，羊奶一开始在超市、终端店卖不动，剩下那些还有五六天就要过期的奶，她只好全部收回，带回学校送给同学喝。“有的同学喝不完，就拿来洗脸、泡脚，看得我挺心疼的。一开始，就亏了七八千。”

后来，王伟伟通过张贴海报、免费品尝、送货上门，逐渐打开了售奶局面。待大学毕业时，她已经挣到了“第一桶金”，羊奶销入当地各大超市，还在常州开了3家社区店。

毕业，她回家乡当了“羊倌”

2011年，王伟伟从常州工学院毕业了，她一边继续做着羊奶代理的生意，一边琢磨着新的创业计划。第二年，在考察了多家养羊基地后，她决定创办自己的公司，从事肉羊养殖。

王伟伟就把上学时挣到的数百万元都投到了这个项目上，又

通过亲友筹集了一部分资金，总投资达到了550万元，在洪泽县三河镇赵集村流转了700多亩土地，建起了养殖场。养殖场里建有标准化羊舍及饲料用房6 980平方米，青贮池3 000立方米，配有饲料加工设备7组。她说，加工好的青贮饲料能保存两年，可以充分保证羊群的喂养需求。

“每个人的潜力都是无限的，必须去挖掘，不然你永远不知道自己能做成什么。只要你去做，总会有希望。你要是自己看扁了自己，就真的什么都没有了。”王伟伟坦言，创业过程承受着巨大的压力，“建厂时家里连遭变故，我刚毕业不久，对建筑施工一窍不通，吃住都在工地上，紧紧盯住进度，严控工程造价。”

最让她难忘的是2013年的夏天，她一个人住在刚建好的办公室里，周围只有农田和在建的羊舍，蚊虫叮咬已经算不了什么，有时候蛇还会钻进屋里来。王伟伟只好养了一只德国牧羊犬看门，这才有了点安全感。

未来，她想带乡亲们共同致富

目前，她的公司第一批湖羊已经顺利出栏，实现盈利不成问题。

“准备明年春节后建第二期，整个工程将投入1 200万元，建成后可存栏15 000头种羊，每年出栏商品羊32 000头，销售收入可以做到3 100万元。”在王伟伟的构想中，她将吸引有意向的农户参与进来，通过“公司+基地+合作社+养殖户+银行”的模式，这样不仅让小规模养殖户免去征地建厂房的成本，实行“统一管理、统一防疫、分户饲养、统一出售”，还可以降低农户的养殖风险，实现农场与农户的“双赢”。

再看远一点，王伟伟希望逐渐完善上下游产业链，从肉羊屠宰深加工项目切入，构建“龙头企业+规模化养殖基地+肉羊屠宰深加工+合作社+农户”的纵向产业链，和“种羊良种繁育+肉羊育肥+饲料加工（草料、精料）+有机肥生产”的横向产业链。

“只有实现从养殖到屠宰加工的迈进，才真正踏上企业产品品牌化之路，从而一步步打造出中国高端冷鲜羊肉品牌。”对于未来，王伟伟信心满满。她说，创业永远在路上。

案例九：山西大学生辞职回乡　上山养散养猪创业

他的猪在山上散养，渴了喝山泉水，饿了拱吃山果、知了、树根，因此长得慢，要一年半到两年才能出栏。这直接影响到了他的资金周转。从 2010 年开始创业，2013 年他才回收第一笔资金。

“不折腾”的生活不适合自己

展亚鹏出生于山西省永济市太宁村，村子对面就是绵延的中条山。2008 年本科毕业后，展亚鹏和大多数的同龄人一样，希望找一份稳定的工作，然后结婚生子，开始安稳的生活。然而上班没多久，他觉得“不折腾”的生活不适合自己。想明白自己想要的后，展亚鹏选择了开始创业。

很多年轻人对自主创业很神往，那意味着挑战、智慧、财富、价值。但展亚鹏的兴奋点不在此，他琢磨着要找一个既要白手起家，又要稳赚钱的路子。

排查了一个个可做的事情后，展亚鹏最终选择在永济栖岩寺所在的山头上养猪。山上散养的猪符合当下人们对绿色食品向往的胃口，他选择抓住这样的商机。他说，现在的猪肉早没了幼时吃的那种香味，而且各种饲料、药品的添加也让人们吃的时候战战兢兢，不是很放心。

2010 年，展亚鹏带着 1 头母猪和 10 只小猪崽上山，开始

创业。

几十万元撒进山里不见影儿

创业过程中最难的是修路。展亚鹏最初走进山时，最窄的路一边贴着崖壁，脚下就是深谷，走过去小石子“扑簌扑簌”往下掉。现在他和合作伙伴已经将路修到可以走机动车了。修路有多难？缓缓的小道上，这儿垫起石头，那儿削掉土丘，其中的辛苦一目了然。展亚鹏称自己是用愚公移山的精神在修路，一米一米地修，总有一天会修完全程。

于是一有时间，他就扛起镐头、铁锹在山上修路，也终于体会到“要想富先修路”的含义。这段安心修路的日子，他按点吃饭，运动量增加，他的胃病意外地被治好了。

山那么大，几十万元的资金撒进去看不见影儿。好在现在一切步入正轨，展亚鹏开始能回收资金了。

让人省心的散养猪

冬天山上食物不多，每年冬天有三四个月的时间，展亚鹏需要从山下拉一些红薯渣、玉米粒等农作物，给猪当饲料。

其余时间，展亚鹏很轻松。散养猪早上出去觅食，下午听见展亚鹏打镲的声音就纷纷回到固定地方睡觉。每天傍晚，展亚鹏会给猪撒一些麦麸或玉米，一来为猪补充些营养，二来让猪养成每天晚上回来的习性，不然山那么大，走丢了是找不到的。

中条山资源丰富，植被茂盛。松树林里的知了，山里的野桃、野杏、树根、山草、树叶都是猪喜欢的食物。展亚鹏养的猪每天在山里兜兜转转，渴了有山泉水，吃着绿色食品，很少生病。

有时候来山里转的人，看见展亚鹏养的猪，非常感兴趣，有些留下展亚鹏的联系方式预订猪肉。展亚鹏说，他相信自己是在做一件正确的事情。

要做就做有意义的事

展亚鹏家境殷实。他说，年轻人追求的车房该有的都有了，也不用很辛苦地奔波。但是他喜欢“折腾”的生活，喜欢做一些事。有这个坚定的想法，是在爷爷生病的日子。

爷爷卧床一年，展亚鹏和家人轮流照顾老人。伺候老人的一年里，展亚鹏闲时就打麻将、聊天、玩手机、玩游戏。突然他就觉得，人生还是要做一些“折腾”的事情，这样才有意义。

已经在山上5个年头的展亚鹏，如今愈发坚定走这条路。他想，山是一块巨大的宝藏。他在山上栽了1万棵核桃树，将来还计划栽种苹果树、桃树，在树下散养鸡。山里花多，再养些蜜蜂，让人们吃上纯正的蜂蜜。他将山上的未来规划得很美好。

展亚鹏说土地不会骗人，种下的果树成活后一年比一年长得好，加上山上昼夜温差大，结出的果实很好吃。2014年在山上结的核桃，运到山下后，销售一空。

展亚鹏站在山上的一座舍利塔前，脚下的黄河、华山、永济各景尽收眼前。“十年之后你再来，山上会大变样。”他说，“未来十年，我的精力就放在山上了。”

案例十：80后新疆大学生回乡当菜农 年收入50多万

刘晨，80后的小伙子，大学毕业后放弃了大城市里优越的生活环境和工作条件，选择回到农村创业。经过一年多时间的努力，建成了5座集种植和养殖功能于一体的现代化蔬菜大棚，每年收入达50多万元。

从市民到农民的身份转变

出生在新疆维吾尔自治区库尔勒市和什力克乡的刘晨，其父母都是当地地地道道的农民，家里面有170亩的棉花地。2010年，学化学专业的刘晨大学毕业后，顺利地进入新疆特变电工股份有限公司工作，还当上了组长，每月的工资有近四千元，成了昌吉的市民。这一切让他的家人感到十分自豪。

2012年春天，库尔勒地区遭遇了“倒春寒”“沙尘暴”等灾害性的天气，各地的棉花遭受不同程度减产，看着年迈的父母无奈的眼神，刘晨开始考虑如何保障父母的劳动成果，让父母不再“看天种地”。

“既然没有办法控制天气，那我就自己建造大棚，营造适合种植的‘小气候’。”在查阅了大量的资料后，刘晨发现设施农业的风险小、收益大，不仅能种植，还能用来发展养殖。他感觉找到了既能帮助家人，又能自主创业的好路子。

满怀兴奋的刘晨到家后将自己的想法告诉了家人，却遭到了家人迎头泼来的一盆冷水。好不容易培养出来的一个大学生，父母怎么也无法接受跳出农门的孩子，又要跑回来当农民。火冒三丈的父母甚至把刘晨赶出了家门。

刘晨很理解父母当时的反应。他说，以前的那份工作年收入有五六万多元，而且在乡里他也算是个有出息的读书人，扔下好好的工作不干，跑回家当农民，一般人都难以接受，更何况是含辛茹苦把自己培养成才的父母。

理解归理解，但本着想为家里人减轻负担并干一番事业的刘晨最终还是说服了父母，获得了父母的同意。

从“看天种地”到“种植掌控”的转变

“要建就建最先进的大棚。”今年年初，辞职回家的刘晨拿出家里所有的积蓄，又向亲戚借了数十万元，投入100万元建成了5座现代化的温室大棚。让他没有想到的是，第一茬菜就丰收了，他掘得了“第一桶金”。

刘晨的水泥结构的蔬菜大棚在和什力克乡格外的显眼。刚一进大棚，一股热气迎面扑来，只见大棚里种植的黄瓜青翠欲滴，生长开的藤蔓足有一米多高，沿着吊在空中的绳子蔓延，行距、株距均匀得几乎一致。刘晨正在大棚里干活施肥、浇水、剪枝……动作轻巧而娴熟。他开心地说：“这批黄瓜和西红柿元旦过后就能上市，库尔勒市市民过年就能吃上我种的菜了。”

“别看这几个大棚只占地十几亩，一年下来赚的钱可不比种170亩地的棉花挣的钱少，最关键的是，现在我们再也不用看天种地了，我们现在是自己调节大棚的温度和湿度，自己掌控种植环境。”刘晨母亲程会兰高兴地说，今年种了两个棚的葫芦瓜，10月份就熟了，卖完一算净利润3万多元。按一年种两茬菜算，5个棚一年种菜就能纯赚10万元；等到夏季，在大棚里养鸡，一年算下来，收入能达50万元。

“除库尔勒市农业局育苗中心外，刘晨建的温室大棚可以说是库尔勒市现有大棚中最现代化的。”据库尔勒市农业局相关负责人介绍，刘晨的温室大棚配备了放风膜和自动化增温设备，可以随时控制棚内的温度，而且墙体里层和外层都是砖混结构的水泥墙，比普通大棚的墙要厚的多，这样不仅结实而且保温性很强。刘晨说，自己实现了从“看天种地”到“种植掌控”的转变。

说起刘晨和他的事业，他上个月刚娶进家门的媳妇刘春花也是满心欢喜。“嫁给农民没有什么不好，只要我们俩好好的干，一年的收入不比城里人挣的少。”刘春花说。

“下一步，我想成立农民合作社，把村里的菜农都带动起来，向规模化、专业化发展。”对于未来的打算，目前，村里不少菜

农种植蔬菜不是很规范，由于种植规模较小，又缺乏销售渠道和技术的指导，经常导致蔬菜卖不上好的价钱。因此，他想通过合作社的形式，把菜农组织起来对蔬菜统一技术、统一销售，实现最大效益，共同致富。

案例十一：商丘李忠返乡创业养泥鳅 年收入破百万

一只只盘旋的白鹭，一朵朵绽放的莲花，一个个忙碌的身影，比起夏日耕地里的宁静，河南省商丘市民权县胡集乡农旺家庭农场里显得格外热闹。在荷塘边上，尽管烈日当头，却有一个汉子在挥汗如雨地忙碌着，他就是返乡创业的民权县老颜集乡村民李忠，商丘第一位规模养殖泥鳅的达人。在他脚下的160余亩的水塘里，“安家”了数万斤泥鳅苗和莲藕，它们不仅是李忠的创业之源，更是他奋斗和前行的力量。

放弃高薪返乡养泥鳅

刚过30岁的李忠，个头不高，文质彬彬，穿着打扮很是讲究。从“行头”来看，怎么也不像是个从事水产养殖的人。但是，骨子里的那股创新精神让他走上了泥鳅养殖的创业路。

在大学毕业之后，李忠就一直在南方漂泊，凭借着自己的才华，最终在一家路桥建筑公司做技术工程师，年薪10多万元。有份令人羡慕的工作无疑是难得的，但也许注定他是一个善于挑战、不安于现状的人。

2012年，一次偶然的机会，他在一个朋友的带领下去距工地很近的养殖场玩。当时，那水产养殖的老板介绍说，“养泥鳅亩产能赚两三万元”，李忠一下子被深深地震撼并吸引了。

“这么好的农村创业点子，我为什么不自己也试一试呢?”回去后，李忠就有了想自己创业的想法。之后，他又专门到这个养殖基地去学习参观，后来又去了好几趟武汉、安徽的泥鳅育苗基地实地考察。当看到许多泥鳅养殖基地做的风生水起时，李忠再也按捺不住内心的激动。他说干就干，立即辞职返乡创业。

听到李忠辞职的消息，家里人都是反对的声音，同事也对此很不理解：放弃这么好的高薪工作，去做没有任何经验的养殖业，不栽在里面才怪！但是，任凭亲朋好友再三劝阻，李忠还是坚持自己的想法。就这样，2013 年，经过一年的筹备，他养殖泥鳅的创业之路开始了。

做商丘第一个“吃”泥鳅的人

泥鳅可能大家都不陌生，但说起养泥鳅，在商丘地区甚至于整个豫东地区都属于“真空带”。

白手起家创业，去掘取这空白地带的第一桶金谈何容易，经验不足，资金不足，如何流转土地等都是李忠创业之路的绊脚石。历经一年筹备，他四处奔走集资金，磕磕绊绊地摸着石头去走这条看不清任何方向的路。许多时候，他都在夜里辗转难眠，困境被他坚强的毅力一一克服。

一个偶然的机会，得知李忠要大规模养殖泥鳅的消息后，民权县胡集乡领导向他伸出了橄榄枝。在乡领导的直接帮助下，李忠开始选址、流转土地、开挖水塘。与此同时，乡政府也帮他申请农业项目政策支持。很快，160 余亩的土地流转到了李忠手中。之后，与武汉的养殖公司联系，该公司派技术人员吃住在现场，帮助李忠安排相关养殖事宜，直至今年年后，这 160 余亩的农场才算真正运转起来。

然而，梦想毕竟与现实相距甚远。真正操作起来，现实往往比梦想更残酷。刚开始，泥鳅养殖并不顺利。由于技术的缺乏，造成很多泥鳅生病，泥鳅苗奄奄一息，令李忠慌了神。他连忙给武汉的泥鳅育苗中心打电话求助，经过武汉技术员的现场技术指

导，才化险为夷，挽回了局面。

虽是虚惊一场，但从这件事之后，李忠便意识到了掌握技术的重要性。用他的话说，“掌握技术才能掌握主动，心里才有底”。于是，李忠派了两名职工分别赴连云港和武汉学习泥鳅养殖技术，他自己也不断通过网络、书籍学习养殖技术。

决心带领更多群众共同致富

“我感觉养殖泥鳅比较有市场发展前景，所以我决心做商丘养泥鳅的第一人。”谈及自己养殖泥鳅的初衷，李忠说出了自己的想法，他想通过自己的试验，证明养殖泥鳅是一个很好的致富项目，然后通过发展社员的形式，带领更多的群众致富。

李忠创办的农旺家庭农场以养殖泥鳅和种植莲藕为主。泥鳅他选择的是大鳞副泥鳅和台湾大泥鳅两个品种，莲藕则是南斯拉夫雪莲。这些品种均为优良高产、适宜当地水土的品种。如今，通过近一年的奋斗，李忠的家庭农场已经发展到了 320 亩的规模，有数百户农民参与其中入股经营。李忠算了一笔账，他的农场现在有水田 160 亩、林地 50 亩、水面 110 亩，泥鳅年产量达 40 万斤，莲藕年产量 120 万斤，年收入会突破百万。

尽管烈日炎炎，人在室外都感觉晒得皮肤红痛，但李忠介绍，泥鳅喜阴，荷喜阳，两者一起养殖，相得益彰。荷叶能给泥鳅提供阴凉，泥鳅的粪便又给了荷提供了有机肥料，这种生态立体农业大大节省了空间，提高了效率，遵循了生态农业系统的有机循环规律。

“去年是最累的，那时候心里还没有这么足的底气，现在看到泥鳅都长这么大了，心情也轻松了不少。”捞起一网正在吃食的泥鳅，个头大的已经比手指还粗，看着此情此景，李忠喜得合不拢嘴。他介绍，泥鳅一般三四个月成熟，只要严格按照科学养殖方法管理，不会有什么大的风险，“快到年底的时候，就是收获的时候了，到时再邀请你们来分享喜悦”。

家庭农场是国家现在提倡的一种新型农业经营形式，趁着国家好政策的东风，谈及未来发展，李忠踌躇满志，他说：“我现在正在筹备一个更大的项目，也是泥鳅养殖，计划流转土地500亩，办一个更大的家庭农场，带领更多的群众致富发家。”

案例十二：90后小伙扎根偏僻农村创业养殖特种药用动物

在湖北省随州市曾都区洛阳镇珠宝山村，一位90后小伙王明松不向往城市的繁华，一心扑向偏僻的农村创业。自从2007年在农村扎根后，王明松一头扎进了“泥土堆”中，7年来他带领土元、蜈蚣等一群“虾兵蟹将”，走上了一条特种药用动物到的养殖之路，成功当上了一位名副其实的“土元帅”。

初次创业

2 000多条蜈蚣误食农药死亡

2007年，土生土长的王明松并没有像其他的90后同龄人一样，渴望走出山沟走向城市，因为，他坚信深山里面也能长出金子。

既然选择扎根农村，就要想办法从土里刨出金子，是从事种植业还是养殖业就成了摆在王明松面前的两条路。“我们90后的这一代人接受的新鲜事物比较多，知道创新才能发展。我通过网络电视了解到特种药用动物养殖的发展前景，就决定实践一下这种新型养殖思路。”王明松称。

可这一年初次创业就让王明松摔了一跤，第一次的创业失败

让他“闭关反思”整整五天五夜。

他回忆，创业起步的10万元是在亲戚朋友的联名担保下借贷的，之后便投入两万多元引入第一批蜈蚣，就在蜈蚣慢慢长大的时候，同村一个农户在给自家萝卜喷洒农药治虫害时，误将农药喷洒在蜈蚣池内，造成了2 000余条种蜈蚣死亡，此后蜈蚣所剩无几。“这个农户属村里的特困户，他也没有赔偿的能力，就这样损失了两万多元。”王明松痛诉着他的初次创业梦想几近破灭的故事。

二次创业

抱团发展带动一方人致富

第一次作为单个农户单打独斗，在创业的路上摔了一跤后，王明松痛定思痛，经过连续5天的“闭关反思”，他萌生出一个大胆的想法：既然单打独斗不行，何不拧成一股绳抱团发展。

怀揣着当初苦心起草的一份颇具含金量的“神龙”蜈蚣养殖创业计划书，已然从一个门外汉变成了内行的王明松就开始谋划创建农民专业合作社，通过合作社的模式来发展蜈蚣、土元等这一特种药用动物养殖产业。“在外国，农村都是农场，农民都是农场主，成片集群的发展才是成功之路。我想咱们农村农户也都是散户，单个农户单打独斗不容易成大气候，同村和邻村一起抱团发展，优良品种、专业技术、销售渠道等共享，也能实现创业共赢。”90后的王明松再次大胆创新，表达着寻求合作谋发展的成长路径。

“随着野生药用物种的减少，养殖特种药用动物将是一个不错的产业，这个产业颇具发展前景，药用动物养殖业不仅能够提供大量营养丰富和滋补保健的药用产品，而且对于拥有大量土地资源的农民而言，既便于操作，又可以致富。”王明松表达着愿和农民朋友一起发展致富的愿景。

2010 年 8 月，3 年来一头扎进了“泥土堆”中的王明松登记注册了洛阳镇第一家蜈蚣、土元养殖专业合作社——神龙养殖专业合作社。开启了他的第二次创业之路，专门从事蜈蚣土元养殖、加工、销售一条龙服务，自己尝到甜头的同时也带动了一方人的致富。

三次创业

养殖规模遍布整个鄂西北

90 后的年轻人一直紧紧追随着时代的步伐，作为 90 后的一名代表，王明松也用时代的眼光丈量着自己的创业前景。“要想在自己的创业之路上闯出一片天地，就得对自己的创业产业进行长期和科学的规划，如今的社会特别注重生态环保，如果将生态环保的和谐理念贯穿到自己的特种药物生物养殖产业上来，那将是一片新的天地。”瞄准绿色生态的发展前景，王明松明白了产业科学规划的必要性。

在 2011 年合作社运作初期，他就十分鲜明地提出了自己独特的合作运作模式，合作社成员可以享受合作社提供的产前、产中、产后及市场销售服务，成员可以通过合作社搭建的远程教育平台和聘请的专家进行授课，合作社还对成员产品签订收购协议，让成员吃下“定心丸”并为合作社成员的蜈蚣、土元免费义诊百余次，多次为困难成员赠送专业工具。

“为了长远发展，我也把技术带到周边省、市，扩大了养殖规模，合作社已在襄阳、宜昌建有分厂，辐射面已遍布整个鄂西北。”在王明松看来，合作社发展之路在于科学的规划。

有了好的产品，就必须拓展良性的市场。目前，已与王明松的合作社直接或间接签订长期购销合同的制药企业、药材批发商等已达到数十家，其中不乏同仁堂、和顺堂、宝芝林、哈药集团、京万红药业等知名药企。

案例十三：创业青年王用水农村土鸡创业的故事

王用水，出生在福建省福安市的一个普通的农村家庭，但他并不满足于在农村一辈子过贫苦日子，更向往城市的“美好”的生活。于是乎在 1999 年，王用水来到福安城关一家电机厂打工，希望以此走上脱贫致富的道路。

2008 年，他在福安农贸市场亲眼看到刚上市的一批土鸡、土鸭在很短时间里就被抢购一空。王用水有了主意——何不利用村里那些荒废的田地养土鸡呢？

因为有前车之鉴，王用水不敢贸然行动。他走访了福安市区各大农贸市场，了解到土鸡蛋也有分不同的品质，一般的土鸡蛋一斤可以卖 15 元，而质量好的最高可卖到每斤 20 元。王用水又走访了一些市民，90% 的人表示会长期购买土鸡蛋，75% 的人愿意接受每斤 20 元的高质量正宗土鸡蛋。

为了学习现代养殖业，王用水参加了福安市农业局组织一些关于养殖技术的培训班。学成之后，他立即开始租田地、建厂房、买材料、订鸡苗、购设备等。仅仅一个多月时间，土鸡养殖场就办起来了。

由于实践经验不足，在养殖过程中不断出现鸡苗的非常规损耗，后来在兽医的帮助下得到控制。这次疫情使他再一次意识到农村养殖只靠勇气和干劲是不够的，必须熟练掌握养鸡的相关科学技术才行。他利用一切机会学习养殖知识、企业经营管理和营销知识，并大胆付诸实施。鸡场的管理越来越规范，养殖场得到了很好的发展，步入正轨。

家乡很多农户看到养鸡卖土鸡蛋能挣钱，纷纷加入养鸡行列。2009 年底，他组织 6 户农民成立了“福安市青创生态农业专业合作社”，并出任法定代表人。由于合作社的土鸡是在生态林里放养，吃的是谷物、豆渣、酒糟等饲料。凭借客户的口碑宣传，王用水的专业合作社渐入佳境，走上蓬勃发展的道路。随着养鸡场规模的不断扩大，产出的鸡粪数量随之增加。为了不污染环境，影响村民生活，王用水请来了农技部门的专家，在他们支持指导下，将鸡粪发酵处理后转化为有机肥料，用于紫心番薯和土豆的种植，也为合作社增添了一条创收渠道。

目前，王用水养殖队伍及养殖规模不断扩大，合作社成员从原来的 7 户增加到了 36 户。使家乡农户平均年收入增长 6 600多元，还带动了周边其他村庄农户 49 户，并无偿为他们提供技术指导。

案例十四：好友搭伙创业　闲置农房变身乡村酒店

乡村酒店是指具有休闲、娱乐、求知、教育功能的综合性旅游住宿单位，是将农业景观、生态景观、田园景观与住宿、餐饮设施进行结合，能够为游客提供乡村休闲体验的经营主体。乡村酒店的档次介于城市酒店和农家住宿之间，让游客能在农村享受到酒店级的服务。

广元市利州区赤化镇的两青年农民合伙开办该镇首家乡村酒店，半年以来，不仅盘活了闲置农房，而且，乡村酒店也越办越火。

赤化镇司马村与清江村，村挨村。司马村张伯斌和清江村韩科，既是同学又是好友。后来，两人走上了不同的谋生之路：张伯斌在外修路、建房，承揽工程；韩科则闯荡宝鸡、成都等地，

钻研厨艺，其烹饪的乡村“坝坝宴”在利州区赤化镇、宝轮镇一带都小有名气。

后来，他们为了共同的事业走到了一起。

“我家的房子现在都没有人住了，我觉得闲置着非常可惜，就想利用闲置空房开办乡村酒店。但是，我不会厨艺。”张伯斌说，他想到了老同学韩科，打算邀请韩科掌勺，合伙开办乡村酒店。

韩科说：“我以前帮别人打工，一个月挣的钱也不多。我打工回来后，看到政府把村里的环境和基础设施都打造得好，适合发展乡村旅游，再加上同学有空房子，我们正好可以合伙办乡村酒店。”

两人从小知根知底，很快达成了君子协定：张伯斌提供占地200余平方米的闲置农房和周围六七百平方米的场地，韩科提供厨艺，共同开办乡村酒店。在出资方面，前期，两人各出七八万元对乡村酒店进行装修和必要设施的采购；后期，则主要由张伯斌投资进行打造，所建设施均属张伯斌个人资产。双方约定，乡村酒店在扣除原料、人员工资等成本之后，盈余平分。

从春节前试营业至今，他们的乡村酒店已开业半年。张伯斌自封“营销经理”，每月领1 500元工资，负责开发、推介和招揽客源；韩科则任“主厨”，每月领3 000元工资，负责开发特色菜品，以美食佳肴留住客人。张伯斌说：“平时有一两桌。周末和节假日，爆满。我的6名家庭成员也在这里上班挣工资。”

半年来，他们的利润除一部分用于滚动发展外，剩余的都进行了分配。张伯斌表示，下一步还将规划停车场和公厕，并增设住宿业务，进一步扩大乡村酒店规模。

“本地外出务工的多，家家都有闲置空房。”据赤化镇镇长王兵介绍，偌大的农房往往只住了一两个留守老人，这在资源上是极大的浪费，“我们准备考虑给留守老人以适当补偿，动员他们与亲友居住在一起，把农房整体腾出来打造乡村酒店，发展乡村旅游，既增加农民财产性收入，又能解决本地劳动力务工。”

农村创业成功还有一个前提，重要但简单，就是挑你喜爱的事情去做，不要人云亦云。创业必须意志坚定、苦中作乐，将兴趣、爱好和事业相结合，才能有热情。而只有近乎疯狂的热情与热爱，才能激励出信念，才能以此再去鼓舞团队，遇到困难才能撑得下来。

案例十五：80 后回农村搞农产品深加工，走农村创业道路

回农村创业是当下创业者的潮流，因为在大城市里，创业机会渺茫，而农村这块广阔的市场，给创业者们提供了更好的平台。今天要介绍的这位 80 后农村创业者王敏哲，放弃了城市年薪 11 万的工作，回到家乡搞农产品加工开发，开始自己的创业道路。

王敏哲，1983 年出生在秦岭深处的洛南县巡检镇路街村，穷困的童年生活给王敏哲留下了极为深刻的印象。看着周围大家生活很艰辛，还很小的他就下定决心，长大后要干出一番事业，来改变家乡的面貌。2003 年，王敏哲以较好的成绩考入一所军校。2007 年毕业后，他进入西安一家公司，从事移动通信方面的工作，年薪超过 11 万元。

由于工作的原因，王敏哲经常出差到全国各地，每到一处，他都会在工作之余深入市场搞创业调研。经过考察，王敏哲发现随着生活水平的不断提高，人们对粗粮的需求逐渐增多，越来越多的人喜欢到粥府或杂粮餐厅消费。由此，他想到了家乡香甜美

味的玉米糁糊汤、玉米面搅团。王敏哲想，如果能将家乡的玉米糁儿、玉米面进行开发，可使家乡的这一土特产进入市场，从而改变家乡的贫困落后的面貌。

此后，王敏哲每次出差，都会带上家乡的玉米糁儿、玉米面免费赠送给客户。不少客户对王敏哲带来的玉米糁儿、玉米面很感兴趣，这让王敏哲看到了希望，其也在闲暇时完成了一份开发玉米产品的详细创业计划。

放弃高薪回乡创业

去年4月25日，王敏哲毅然辞去了工作，带着自己省吃俭用、积攒下的30万元，回到巡检镇路街村进行玉米糁儿、玉米面农产品开发。得知这一消息后，父母第一个站出来反对，认为他这是不务正业。"回乡创业，我其实背负着巨大的压力，也曾犹豫过，但每当看到国家出台的扶持大学生创业的新闻及相关惠农政策，便使我坚定了创业的信心，我认为农村是大学生创业的好天地。"王敏哲说。

为此，王敏哲不顾家人的反对，租了厂房，办理了有关手续，设计了4种富有特色的产品包装盒，注册了商标，成立了公司。主要加工生产玉米糁儿、玉米面以及包装销售核桃、木耳等农产品。

带动乡亲共同致富

玉米糁儿具有抗癌、预防糖尿病、胆固醇的作用，王敏哲公司生产的玉米糁儿、玉米面色泽金黄、口感香甜、营养丰富、绿色无污染，加之开发玉米糁儿、玉米面这一土特产在商洛是第一家，产品一经上市，便深受群众喜爱，成为赠送亲朋好友，外来客商、游客选购的上好礼品。正式投放市场后，当月产品销售额达8万元以上，净利润超过3万元。

“我家刚修了房，经济很困难，到外地打工的话，我这个年龄也没人要，在这里做活既能照顾家里，一月还能挣一千多元钱，家里的玉米也可以拿到这里卖。”在王敏哲公司干活的当地妇女孙爱琴说。她家有六口人，老人患有腰椎间盘突出不能干活，家里负担很重，丈夫常年外出打工。“我现在在这里做活，除了能照看老人和娃外，还能给家里挣些钱。”

据了解，公司自2012年10月开始生产以来，共计采购当地人玉米合计现金达22万余元。公司收购的价格每斤要比外边高一角钱，大家都愿意卖给王敏哲的公司。另外，公司共招聘当地近20名村民务工。

下一步王敏哲打算扩大公司生产规模，增添设备，增加香椿、黄花菜等产品开发，提供更多的就业岗位，带动更多的乡亲共同致富。

案例十六：打工仔回乡创业种果树　总资产达1 800万元

孙世忠今年40岁出头，皮肤黝黑、身材精瘦。他曾是一名普通的农民，靠外出务工维持家庭开支。1996年，外出务工10年后，他回到了家乡承包果园，踏上了创业之路。有了经济实力之后，他又开办了养猪场。

农村创业让孙世忠从打工仔变成拥有上千万资产的老板，创业之路解决120多人就业，带动周边300多户人增收。“为了缓解家庭的经济压力，我15岁就外出打工了。”孙世忠回忆，当时，他到成都刷过沥青，也去过广州当搬运工。

“不管你干得多好，只要老板不高兴就会挨骂。”孙世忠说，在异乡打工太受气，自己心中始终有一个梦想，就是自己当老板，再苦再累也值得。1996年，孙世忠不顾家人的反对，结束了自己的打工生涯，回到家乡，用自己积攒的10万元承包了70

亩村民眼里“没有多大希望的”沙田柚果园。

孙世忠说，乡亲们说这片果园“没有希望”，是因为果树种了7年才一人高，拇指般粗。接过果园后，他与妻子两人起早贪黑，打树窝、整塘堰，除草、打药、施肥……每一项工作都力求到位。

功夫不负有心人，两年之后，精心管护的这片沙田柚林陆续开花结果。如今，他已承包700余亩林地，种上了500亩的沙田柚及200亩的橙子和枇杷，每年收入近100万元。

种果树取得成功之后，孙世忠的创业之路并没有止步。2008年，参加就业局创业培训时，课下交流中，他发现了新的机遇：果园每年需要大量的肥料，一年下来要花上万元，自己办养猪场，就可解决肥料问题。

说干就干，孙世忠先后两次向区政府申请8万元的贴息贷款开办养猪场。2008年11月，开始修建猪场，12月引进种猪，采取边建设、边养猪的方式，仅用46天就建成养猪场，饲养120头生猪。

“当年行情不错，赚了几万元。”孙世忠说，为了扩大规模，他又向区政府申请了100万元的贷款，再一次参加了创业培训。“第二次培训，我重点研习了企业管理知识，这些知识在后来将养猪场做大的过程中起了关键作用。”

现在，孙世忠养猪场的规模，已从最开始的占地2 800平方米扩大到了13 600平方米，养有育肥猪、种猪、子猪3个品种，总数已达2 536头，年产值可达1 100万元。

创业成功了，孙世忠的果园和养猪场总资产已达到1 800万元，他也从外出务工人员变成了致富名人。“感谢政府给了我资金和知识上的帮助，也感谢曾经在创业道路上帮助过我的乡亲。”孙世忠说，现在要用实际行动来回报感恩。

对于种果树的乡亲，如果遇到技术难题，他会派出自己的技术人员免费解决困难；在水果成熟时，他又利用自己的公司帮助需要扩宽销路的乡亲代销水果。同时，还会定时地为需要肥料的乡亲免费送去猪粪，并且将子猪以低于市场价 1 元/千克的价格卖给需要的乡亲。

现在，孙世忠每年要招 80 多名季节员工管护果园，算上养猪场的 37 名员工，他共解决了 120 多名当地农民就业，每年发放的工资近 100 万元。

17 年的时间，孙世忠一步一个脚印，成为当地带头致富的大名人。现在，他的果园和养猪场解决了当地 120 多人的就业，还带动了周边 300 多户人挣取额外收入，平均每年增收 6 000 多元。

案例十七：新潮农民的创业之路：微博卖菜

李学友是典型的中国农民——勤劳、朴实、憨厚、单纯。让谁也没想到的是，几年前互联网的时髦玩意儿——微博，竟然改变了这位乡村农民的平凡生活，让他拥有了自己的“粉丝”，被称为“最潮的农民”，并因此上了报纸和电视……农民李学友成了“名人”。但是 42 岁他总爱操着一口浓重的四川腔，腼腆地说：“没啥子没啥子，种地的嘛！”

粉丝通过微博“订菜”

2008 年，李学友才刚刚学会用电脑玩“斗地主”，在他看来，“电脑很好耍”，仅此而已。2009 年，李学友学会了在网上看新闻、上“农民论坛”，他通过“看不见摸不着的网络”认识了做环保农耕的世界自然基金会志愿者，得到了学习种植生态蔬菜的机会。

种了很多年地的李学友，生平第一次知道了“不用化肥和农

药的蔬菜可以更值钱儿”，也第一次见到了神奇的“太阳能捕虫器”。在志愿者的帮助下，2010 年，李学友开通了自己的微博，他看着大家七嘴八舌地讨论着，自己却不知道该说些什么，一年下来，自己的微博只有 1 名粉丝。

2011 年的春天，李学友决定在微博上“说说自己种菜的事”。他开始写下——“油菜长得好肥。”“我的青笋冒薹了。”“萝卜缨子好惹人喜欢。”……

让李学友始料未及的是，这些看似粗糙的只言片语竟引来了无数粉丝的围观，很多粉丝要求，“拍个照片看看？”“菜卖不卖啊？能不能送到家里来尝尝？”“能微博订菜不？”突如其来的关注让李学友异常兴奋，他学会了用手机拍照，并发到微博上。他决定用微博打广告，把他所在的环保农耕小组的菜通过微博卖出去。但是，怎么卖呢？李学友发了一张表格到微博上，将蔬菜图片、价格、派送范围明确出来，“求购！”

但是，围观的多，询问的多，看热闹的多，就是掏钱买的没有。直到 2011 年 7 月，一位粉丝成为了李学友的首位客户。粉丝通过微博“订菜”：“油菜安逸哦，来个三斤。韭菜嫩不嫩啊？先尝个两斤。”

从此，李学友的粉丝越来越多，直至今日，已经有 4 000人，更为难得的是，居然有 30 多位粉丝发展成为了他的顾客，其余的都是潜在客服。

微博讲述种菜故事

李学友决定，从此每天都发三五条微博，讲述自己的种菜故事，发送最新鲜的蔬菜照片，吸引粉丝们的关注。并且，李学友给自己加了“V”，将每周一和每周四定为“送菜日”，在微博上接受“订单”，亲自为成都市区和郫县的 30 多家客户“送菜到家”。

虽然生意有所转好，但李学友坦言，“微博只是一种销售办法，很新鲜，很好耍，”并没有给他带来理想丰厚的收益。“现在有固定顾客30多人，一大半是微博来的，虽然不像头两年在亏损，但除去成本只能是略有盈余。”再加上种子、人工、管理等成本，李学友的收入仍然微薄。“我希望微博能成为一个桥梁，让客户信任我们，然后，通过季度订菜、年度订菜的方式预付菜款，让收入更稳定，风险更小些。”

李学友算了一笔账，他平均每个月往成都城区送8次菜，30位顾客不是每人每次都要，“平均一次算20个顾客，每个人2.5千克菜，一共50千克，其中还有近一半是我们组其他农民的，也就剩下30千克是我自己的，按照2.5元/千克的价钱，我的纯收入有300元，减去运费还剩200元，每个月就是1 600元。”

虽然，李学友经常因为接受媒体采访而影响了正常的生活，但他仍乐此不疲，他也在打着小算盘。“你们也给我做广告了嘛，让更多人知道我们，买我们的菜。”他更希望，“能吸引大客户多买点，小散户还是不行，买得少，送起来麻烦，还不够跑路的成本。”

如今，每天“刷微博”成为了李学友最重要的事，他通过这个小小的窗口，争取着每一单有可能成功的生意，也通过这个时髦的小玩意儿，探索着新一代农民发家致富的成功之路。

案例十八：彩色红薯带领村民走上致富路

胡小黎，女，1980年出生，是西安市灞桥区洪庆街办岳家沟人。大学毕业后，她养过牛、开过酿造厂、卖过古玩，屡战屡败后，最终挽起裤腿走进农田。2007年，胡小黎突发奇想种植

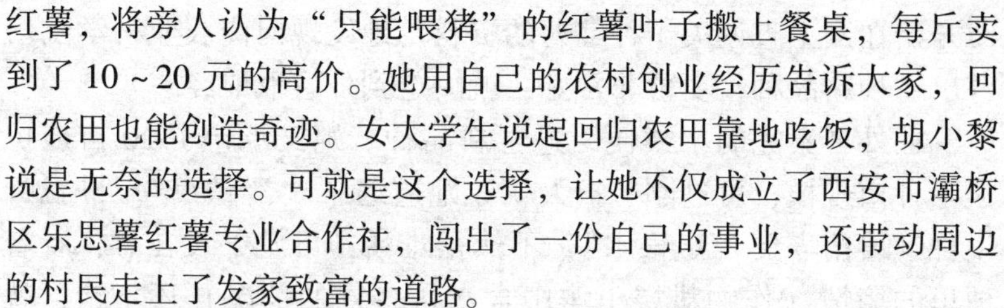

红薯，将旁人认为“只能喂猪”的红薯叶子搬上餐桌，每斤卖到了 10～20 元的高价。她用自己的农村创业经历告诉大家，回归农田也能创造奇迹。女大学生说起回归农田靠地吃饭，胡小黎说是无奈的选择。可就是这个选择，让她不仅成立了西安市灞桥区乐思薯红薯专业合作社，闯出了一份自己的事业，还带动周边的村民走上了发家致富的道路。

公婆去世　她选择回乡种地

胡小黎柔弱中又透着几分倔强。一直在外打拼、创业的她，开过厂子、搞过古玩，可为什么最后又回到农村选择了种红薯呢？

13 年前的胡小黎刚刚大学毕业就结婚生子，公公患有肝硬化腹水，已近晚期，胡小黎的儿子十个月的时候，公公去世了，婆婆终日以泪洗面，无心家务。胡小黎事业刚起步时，小叔子和婆婆又病倒了。胡小黎刚做完阑尾手术，顾不上休息，就到处为婆婆和小叔子求医，可婆婆还是走了。

自己的身体需要调养，小叔子也需要照顾，一家人还要吃饭。胡小黎说：“那个时候我就想，种地有季节性，每年就忙几个月，闲暇时间比较多，还能照顾家人，听说红薯是个‘懒庄稼’，当年就能见效，就想试一试。”

扩大规模　遭遇种薯“滑铁卢”

虽然家在农村，但从没种过地的胡小黎对于种地其实是个门外汉。“原本以为种地么，只要种下去，地里总会长出来，没什么困难的，当时婆婆家刚好有 5 亩地，我就在这片地上开始了红薯事业”。

胡小黎想得挺好，可种了一年，到收获的时候发现，自己种出的红薯不好看也不好吃，销路也不行。遇到困难不服输的她，便开始在网上查询关于种红薯的资料，她发现河南农业科学院培育出一种新品种，卖价非常好，就决定到外省取取经。

在外考察完胡小黎便引进了新品种。她又承包了20亩地扩大了种植规模，可这刚一扩大就让她遭遇了“滑铁卢”。早就听说种红薯苗需要“定根水”，不然很难活，可她并没在意，看着地里的墒情（作物耕层土壤中含水量多寡的情况）还不错，就让工人把苗子全部种了下去，原本以为的“懒”庄稼，一个星期后，全成了“烂”庄稼，红薯苗全都死掉了。

科学种植　带领村民走上致富路

这让胡小黎开始反思，种地也不是件容易事。胡小黎跑到西北农林科技大学、宝鸡农科所，引进了专家培育出的、适合当地生长的秦薯系列，红的、黄的、紫的……不仅颜色鲜艳，还从烹饪的角度、按照红薯的口感，分为了烧烤型、蒸煮型、煲汤型等等，一下子她的彩色红薯就火了起来。

创业成功了，胡小黎并不满足于个人的成就，她希望带领更多乡亲致富。2009年，她牵头成立乐思薯红薯专业合作社，带着乡亲一起致富。她开辟了200亩的示范园，用于新品种的区域性试验，新品种先试验，种好了才向乡亲推广，不让他们吃亏。现在合作社已经有183户成员了，种植面积达到了上千亩。

胡小黎不光带着乡亲们种地，还不断地带领社里的骨干成员赴省内外多地取经学习新的种植技术，让大家敢于放开手脚大干。经过不断学习与总结，她的合作社被陕西省农业厅评为“百强示范社”，被陕西省农业厅联合评为“陕西省优秀农业企业”，乐思蜀牌商标被评为“西安市著名商标”。

坚持梦想　开办“假日农场”

胡小黎说，她的梦想是建立“社区农业”，开办起一个“假日农场”。邀请城里的市民加入进来，平时给他们配送新鲜蔬菜，周末闲暇时，让他们到农场劳动，亲自下地种红薯，享受劳动的乐趣。“干农业就俩字，充实!”她说，看着红薯一点点长大，心里逐渐被成就感溢满。

胡小黎说，她有几句话想送给即将大学毕业的想在农村创业的学弟学妹们:“创业途中充满困难，可既然认定了，就要去做，做了就要坚持。总会有成功的一天。”

附录1 《关于加大改革创新力度加快农业现代化建设的若干意见》

2014年，各地区各部门认真贯彻落实党中央、国务院决策部署，加大深化农村改革力度，粮食产量实现“十一连增”，农民收入继续较快增长，农村公共事业持续发展，农村社会和谐稳定，为稳增长、调结构、促改革、惠民生作出了突出贡献。

当前，我国经济发展进入新常态，正从高速增长转向中高速增长，如何在经济增速放缓背景下继续强化农业基础地位、促进农民持续增收，是必须破解的一个重大课题。国内农业生产成本快速攀升，大宗农产品价格普遍高于国际市场，如何在“双重挤压”下创新农业支持保护政策、提高农业竞争力，是必须面对的一个重大考验。我国农业资源短缺，开发过度、污染加重，如何在资源环境硬约束下保障农产品有效供给和质量安全、提升农业可持续发展能力，是必须应对的一个重大挑战。城乡资源要素流动加速，城乡互动联系增强，如何在城镇化深入发展背景下加快新农村建设步伐、实现城乡共同繁荣，是必须解决好的一个重大问题。破解这些难题，是今后一个时期“三农”工作的重大任务。必须始终坚持把解决好“三农”问题作为全党工作的重中之重，靠改革添动力，以法治作保障，加快推进中国特色农业现代化。

2015年，农业农村工作要全面贯彻落实党的十八大和十八届三中、四中全会精神，以邓小平理论、“三个代表”重要思想、科学发展观为指导，深入贯彻习近平总书记系列重要讲话精

神，主动适应经济发展新常态，按照稳粮增收、提质增效、创新驱动的总要求，继续全面深化农村改革，全面推进农村法治建设，推动新型工业化、信息化、城镇化和农业现代化同步发展，努力在提高粮食生产能力上挖掘新潜力，在优化农业结构上开辟新途径，在转变农业发展方式上寻求新突破，在促进农民增收上获得新成效，在建设新农村上迈出新步伐，为经济社会持续健康发展提供有力支撑。

一、围绕建设现代农业，加快转变农业发展方式

中国要强，农业必须强。做强农业，必须尽快从主要追求产量和依赖资源消耗的粗放经营转到数量、质量、效益并重、注重提高竞争力、注重农业科技创新、注重可持续的集约发展上来，走产出高效、产品安全、资源节约、环境友好的现代农业发展道路。

1. 不断增强粮食生产能力

进一步完善和落实粮食省长负责制。强化对粮食主产省和主产县的政策倾斜，保障产粮大县重农抓粮得实惠、有发展。粮食主销区要切实承担起自身的粮食生产责任。全面开展永久基本农田划定工作。统筹实施全国高标准农田建设总体规划。实施耕地质量保护与提升行动。全面推进建设占用耕地剥离耕作层土壤再利用。探索建立粮食生产功能区，将口粮生产能力落实到田块地头、保障措施落实到具体项目。创新投融资机制，加大资金投入，集中力量加快建设一批重大引调水工程、重点水源工程、江河湖泊治理骨干工程，节水供水重大水利工程建设的征地补偿、耕地占补平衡实行与铁路等国家重大基础设施项目同等政策。加快大中型灌区续建配套与节水改造，加快推进现代灌区建设，加强小型农田水利基础设施建设。实施粮食丰产科技工程和盐碱地改造科技示范。深入推进粮食高产创建和绿色增产模式攻关。实施植物保护建设工程，开展农作物病虫害专业化统防统治。

2. 深入推进农业结构调整

科学确定主要农产品自给水平，合理安排农业产业发展优先序。启动实施油料、糖料、天然橡胶生产能力建设规划。加快发展草牧业，支持青贮玉米和苜蓿等饲草料种植，开展粮改饲和种养结合模式试点，促进粮食、经济作物、饲草料三元种植结构协调发展。立足各地资源优势，大力培育特色农业。推进农业综合开发布局调整。支持粮食主产区发展畜牧业和粮食加工业，继续实施农产品产地初加工补助政策，发展农产品精深加工。继续开展园艺作物标准园创建，实施园艺产品提质、增效工程。加大对生猪、奶牛、肉牛、肉羊标准化规模养殖场（小区）建设支持力度，实施畜禽良种工程，加快推进规模化、集约化、标准化畜禽养殖，增强畜牧业竞争力。完善动物疫病防控政策。推进水产健康养殖，加大标准池塘改造力度，继续支持远洋渔船更新改造，加强渔政、渔港等渔业基础设施建设。

3. 提升农产品质量和食品安全水平

加强县乡农产品质量和食品安全监管能力建设。严格农业投入品管理，大力推进农业标准化生产。落实重要农产品生产基地、批发市场质量安全检验、检测费用补助政策。建立全程可追溯、互联共享的农产品质量和食品安全信息平台。开展农产品质量安全县、食品安全城市创建活动。大力发展名特优新农产品，培育知名品牌。健全食品安全监管综合协调制度，强化地方政府法定职责。加大防范外来有害生物力度，保护农林业生产安全。落实生产经营者主体责任，严惩各类食品安全违法犯罪行为，提高群众安全感和满意度。

4. 强化农业科技创新驱动作用

健全农业科技创新激励机制，完善科研院所、高校科研人员与企业人才流动和兼职制度，推进科研成果使用、处置、收益管理和科技人员股权激励改革试点，激发科技人员创新创业的积极

性。建立优化整合农业科技规划、计划和科技资源协调机制，完善国家重大科研基础设施和大型科研仪器向社会开放机制。加强对企业开展农业科技研发的引导扶持，使企业成为技术创新和应用的主体。加快农业科技创新，在生物育种、智能农业、农机装备、生态环保等领域取得重大突破。建立农业科技协同创新联盟，依托国家农业科技园区搭建农业科技融资、信息、品牌服务平台。探索建立农业科技成果交易中心。充分发挥科研院所、高校及其新农村发展研究院、职业院校、科技特派员队伍在科研成果转化中的作用。积极推进种业科研成果权益分配改革试点，完善成果完成人分享制度。继续实施种子工程，推进海南、甘肃、四川三大国家级育种制种基地建设。加强农业转基因生物技术研究、安全管理、科学普及。支持农机、化肥、农药企业技术创新。

5. 创新农产品流通方式

加快全国农产品市场体系转型升级，着力加强设施建设和配套服务，健全交易制度。完善全国农产品流通骨干网络，加大重要农产品仓储物流设施建设力度。加快千亿斤粮食新建仓容建设进度，尽快形成中央和地方职责分工明确的粮食收储机制，提高粮食收储保障能力。继续实施农户科学储粮工程。加强农产品产地市场建设，加快构建跨区域冷链物流体系，继续开展公益性农产品批发市场建设试点。推进合作社与超市、学校、企业、社区对接。清理整顿农产品运销乱收费问题。发展农产品期货交易，开发农产品期货交易新品种。支持电商、物流、商贸、金融等企业参与涉农电子商务平台建设。开展电子商务进农村综合示范。

6. 加强农业生态治理

实施农业环境突出问题治理总体规划和农业可持续发展规划。加强农业面源污染治理，深入开展测土配方施肥，大力推广生物有机肥、低毒低残留农药，开展秸秆、畜禽粪便资源化利用和农田残膜回收区域性示范，按规定享受相关财税政策。落实畜禽规模养殖环境影响评价制度，大力推动农业循环经济发展。继续实行草原生态保护补助奖励政策，开展西北旱区农牧业可持续发展、农牧交错带已垦草原治理、东北黑土地保护试点。加大水生生物资源增殖保护力度。建立健全规划和建设项目水资源论证制度、国家水资源督察制度。大力推广节水技术，全面实施区域规模化高效节水灌溉行动。加大水污染防治和水生态保护力度。实施新一轮退耕还林还草工程，扩大重金属污染耕地修复、地下水超采区综合治理、退耕还湿试点范围，推进重要水源地生态清洁小流域等水土保持重点工程建设。大力推进重大林业生态工程，加强营造林工程建设，发展林产业和特色经济林。推进京津冀、丝绸之路经济带、长江经济带生态保护与修复。摸清底数、搞好规划、增加投入，保护好全国的天然林。提高天然林资源保护工程补助和森林生态效益补偿标准。继续扩大停止天然林商业性采伐试点。实施湿地生态效益补偿、湿地保护奖励试点和砂化土地封禁保护区补贴政策。加快实施退牧还草、牧区防灾减灾、南方草地开发利用等工程。建立健全农业生态环境保护责任制，加强问责监管，依法依规严肃查处各种破坏生态环境的行为。

7. 提高统筹利用国际国内两个市场两种资源的能力

加强农产品进出口调控，积极支持优势农产品出口，把握好农产品进口规模、节奏。完善粮食、棉花、食糖等重要农产品进出口和关税配额管理，严格执行棉花滑准税政策。严厉打击农产品走私行为。完善边民互市贸易政策。支持农产品贸易做强，加快培育具有国际竞争力的农业企业集团。健全农业对外合作部际联席会议制度，抓紧制定农业对外合作规划。创新农业对外合作模式，重点加强农产品加工、储运、贸易等环节合作，支持开展境外农业合作开发，推进科技示范园区建设，开展技术培训、科研成果示范、品牌推广等服务。完善支持农业对外合作的投资、财税、金融、保险、贸易、通关、检验、检疫等政策，落实到境

外从事农业生产所需农用设备和农业投入品出境的扶持政策。充分发挥各类商会组织的信息服务、法律咨询、纠纷仲裁等作用。

二、围绕促进农民增收，加大惠农政策力度

中国要富，农民必须富。富裕农民，必须充分挖掘农业内部增收潜力，开发农村第二、第三产业增收空间，拓宽农村外部增收渠道，加大政策助农增收力度，努力在经济发展新常态下保持城乡居民收入差距持续缩小的势头。

8. 优先保证农业农村投入

增加农民收入，必须明确政府对改善农业农村发展条件的责任。坚持把农业农村作为各级财政支出的优先保障领域，加快建立投入稳定增长机制，持续增加财政农业农村支出，中央基建投资继续向农业农村倾斜。优化财政支农支出结构，重点支持农民增收、农村重大改革、农业基础设施建设、农业结构调整、农业可持续发展、农村民生改善。转换投入方式，创新涉农资金运行机制，充分发挥财政资金的引导和杠杆作用。改革涉农转移支付制度，下放审批权限，有效整合财政农业农村投入。切实加强涉农资金监管，建立规范透明的管理制度，杜绝任何形式的挤占挪用、层层截留、虚报冒领，确保资金使用见到实效。

9. 提高农业补贴政策效能

增加农民收入，必须健全国家对农业的支持保护体系。保持农业补贴政策连续性和稳定性，逐步扩大“绿箱”支持政策实施规模和范围，调整改进“黄箱”支持政策，充分发挥政策惠农增收效应。继续实施种粮农民直接补贴、良种补贴、农机具购置补贴、农资综合补贴等政策。选择部分地方开展改革试点，提高补贴的导向性和效能。完善农机具购置补贴政策，向主产区和新型农业经营主体倾斜，扩大节水灌溉设备购置补贴范围。实施农业生产重大技术措施推广补助政策。实施粮油生产大县、粮食

作物制种大县、生猪调出大县、牛羊养殖大县财政奖励补助政策。扩大现代农业示范区奖补范围。健全粮食主产区利益补偿、耕地保护补偿、生态补偿制度。

10. 完善农产品价格形成机制

增加农民收入，必须保持农产品价格合理水平。继续执行稻谷、小麦最低收购价政策，完善重要农产品临时收储政策。总结新疆棉花、东北和内蒙古大豆目标价格改革试点经验，完善补贴方式，降低操作成本，确保补贴资金及时足额兑现到农户。积极开展农产品价格保险试点。合理确定粮食、棉花、食糖、肉类等重要农产品储备规模。完善国家粮食储备吞吐调节机制，加强储备粮监管。落实新增地方粮食储备规模计划，建立重要商品商贸企业代储制度，完善制糖企业代储制度。运用现代信息技术，完善种植面积和产量统计调查，改进成本和价格监测办法。

11. 强化农业社会化服务

增加农民收入，必须完善农业服务体系，帮助农民降成本、控风险。抓好农业生产全程社会化服务机制创新试点，重点支持为农户提供代耕代收、统防统治、烘干储藏等服务。稳定和加强基层农技推广等公益性取务机构，健全经费保障和激励机制，改善基层农技推广人员工作和生活条件。发挥农村专业技术协会在农技推广中的作用。采取购买服务等方式，鼓励和引导社会力量参与公益性服务。加大中央、省级财政对主要粮食作物保险的保费补贴力度。将主要粮食作物制种保险纳入中央财政保费补贴目录。中央对政补贴险种的保险金领应覆盖直接物化成本。加快研究出台对地方特色优势农产品保险的中央财政以奖代补政策。扩大森林保险范围。支持邮政系统更好服务“三农”。创新气象为农服务机制，推动融入农业社会化服务体系。

12. 推进农村第一、第二、第三产业融合发展

增加农民收入，必须延长农业产业链、提高农业附加值。立

足资源优势，以市场需求为导向，大力发展特色种养业、农产品加工业、农村服务业，扶持发展一村一品、一乡（县）一业，壮大县域经济，带动农民就业致富。积极开发农业多种功能，挖掘乡村生态休闲、旅游观光、文化教育价值。扶持建设一批具有历史、地域、民族特点的特色景观旅游村镇，打造形式多样、特色鲜明的乡村旅游休闲产品。加大对乡村旅游休闲基础设施建设的投入，增强线上线下营销能力，提高管理水平和服务质量。研究制定促进乡村旅游休闲发展的用地、财政、金融等扶持政策，落实税收优惠政策。激活农村要素资源，增加农民财产性收入。

13. 拓宽农村外部增收渠道

增加农民收入，必须促进农民转移就业和创业。实施农民工职业技能提升计划。落实同工同酬政策，依法保障农民工劳动报酬权益，建立农民工工资正常支付的长效机制。保障进城农民工及其随迁家属平等享受城镇基本公共服务，扩大城镇社会保险对农民工的覆盖面，开展好农民工职业病防治和帮扶行动，完善随迁子女在当地接受义务教育和参加中、高考相关政策，探索农民工享受城镇保障性住房的具体办法。加快户籍制度改革，建立居住证制度，分类推进农业转移人口在城镇落户并享有与当地居民同等待遇。现阶段，不得将农民进城落户与退出土地承包经营权、宅基地使用权、集体收益分配权相挂钩。引导有技能、资金和管理经验的农民工返乡创业，落实定向减税和普遍性降费政策，降低创业成本和企业负担。优化中西部中小城市、小城镇产业发展环境，为农民就地就近转移就业创造条件。

14. 大力推进农村扶贫开发

增加农民收入，必须加快农村贫困人口脱贫致富步伐。以集中连片特困地区为重点，加大投入和工作力度，加快片区规划实施，打好扶贫开发攻坚战。推进精准扶贫，制定并落实建档立卡的贫困村和贫困户帮扶措施。加强集中连片特困地区基础设施建设、生态保护和基本公共服务，加大用地政策支持力度，实施整村推进、移民搬迁、乡村旅游扶贫等工程。扶贫项目审批权原则上要下放到县，省市切实履行监管责任。建立公告公示制度，全面公开扶贫对象、资金安排、项目建设等情况。健全社会扶贫组织动员机制，搭建社会参与扶贫开发平台。完善干部驻村帮扶制度。加强贫困监测，建立健全贫困县考核、约束、退出等机制。经济发达地区要不断提高扶贫开发水平。

三、围绕城乡发展一体化，深入推进新农村建设

中国要美，农村必须美。繁荣农村，必须坚持不懈推进社会主义新农村建设。要强化规划引领作用，加快提升农村基础设施水平，推进城乡基本公共服务均等化，让农村成为农民安居乐业的美丽家园。

15. 加大农村基础设施建设力度

确保如期完成“十二五”农村饮水安全工程规划任务，推动农村饮水提质增效，继续执行税收优惠政策。推进城镇供水管网向农村延伸。继续实施农村电网改造升级工程。因地制宜采取电网延伸和光伏、风电、小水电等供电方式，2015 年解决无电人口用电问题。加快推进西部地区和集中连片特困地区农村公路建设。强化农村公路养护管理的资金投入和机制创新，切实加强农村客运和农村校车安全管理。完善农村沼气建管机制。加大农村危房改造力度，统筹搞好农房抗震改造。深入推进农村广播电视、通信等村村通工程，加快农村信息基础设施建设和宽带普及，推进信息进村入户。

16. 提升农村公共服务水平

全面改善农村义务教育薄弱学校基本办学条件，提高农村学校教学质量。因地制宜保留并办好村小学和教学点。支持乡村两级公办和普惠性民办幼儿园建设。加快发展高中阶段教育，以未

能继续升学的初中、高中毕业生为重点，推进中等职业教育和职业技能培训全覆盖，逐步实现免费中等职业教育。积极发展农业职业教育，大力培养新型职业农民。全面推进基础教育、数字教育资源开发与应用，扩大农村地区优质教育资源覆盖面。提高重点高校招收农村学生比例。加强乡村教师队伍建设，落实好集中连片特困地区乡村教师生活补助政策。国家教育经费要向边疆地区、民族地区、革命老区倾斜。建立新型农村合作医疗可持续筹资机制，同步提高人均财政补助和个人缴费标准，进一步提高实际报销水平。全面开展城乡居民大病保险，加强农村基层基本医疗、公共卫生能力和乡村医生队伍建设。推进各级定点医疗机构与省内新型农村合作医疗信息系统的互联互通，积极发展惠及农村的远程会诊系统。拓展重大文化惠民项目服务“三农”内容。加强农村最低生活保障制度规范管理，全面建立临时救助制度，改进农村社会救助工作。落实统一的城乡居民基本养老保险制度。支持建设多种农村养老服务和文化体育设施。整合利用现有设施场地和资源，构建农村基层综合公共服务平台。

17. 全面推进农村人居环境整治

完善县域村镇体系规划和村庄规划，强化规划的科学性和约束力。改善农民居住条件，搞好农村公共服务设施配套，推进山水林田路综合治理。继续支持农村环境集中连片整治，加快推进农村河塘综合整治，开展农村垃圾专项整治，加大农村污水处理和改厕力度，加快改善村庄卫生状况。加强农村周边工业“三废”排放和城市生活垃圾堆放监管治理。完善村级公益事业一事一议财政奖补机制，扩大农村公共服务运行维护机制试点范围，重点支持村内公益事业建设与管护。完善传统村落名录和开展传统民居调查，落实传统村落和民居保护规划。鼓励各地从实际出发开展美丽乡村创建示范。有序推进村庄整治，切实防止违背农民意愿大规模撤并村庄、大拆大建。

18. 引导和鼓励社会资本投向农村建设

鼓励社会资本投向农村基础设施建设和在农村兴办各类事业。对于政府主导、财政支持的农村公益性工程和项目，可采取购买服务、政府与社会资本合作等方式，引导企业和社会组织参与建设、管护和运营。对于能够商业化运营的农村服务业，向社会资本全面开放。制定鼓励社会资本参与农村建设目录，研究制定财税、金融等支持政策。探索建立乡镇政府职能转移目录，将适合社会兴办的公共服务交由社会组织承担。

19. 加强农村思想道德建设

针对农村特点，围绕培育和践行社会主义核心价值观，深入开展中国特色社会主义和中国梦宣传教育，广泛开展形势政策宣传教育，提高农民综合素质，提升农村社会文明程度，凝聚起建设社会主义新农村的强大精神力量。深入推进农村精神文明创建活动，扎实开展好家风、好家训活动，继续开展好媳妇、好儿女、好公婆等评选表彰活动，开展寻找最美乡村教师、医生、村官等活动，凝聚起向上、崇善、爱美的强大正能量。倡导文艺工作者深入农村，创作富有乡土气息、讴歌农村时代变迁的优秀文艺作品，提供健康有益、喜闻乐见的文化服务。创新乡贤文化，弘扬善行义举，以乡情、乡愁为纽带吸引和凝聚各方人士支持家乡建设，传承乡村文明。

20. 切实加强农村基层党建工作

认真贯彻落实党要管党、从严治党的要求，加强以党组织为核心的农村基层组织建设，充分发挥农村基层党组织的战斗堡垒作用，深入整顿软弱涣散基层党组织，不断夯实党在农村基层执政的组织基础。创新和完善农村基层党组织设置，扩大组织覆盖和工作覆盖。加强乡村两级党组织班子建设，进一步选好、管好、用好带头人。严肃农村基层党内政治生活，加强党员日常教育管理，发挥党员先锋模范作用。严肃处理违反党规党纪的行

为，坚决查处发生在农民身边的不正之风和腐败问题。以农村基层服务型党组织建设为抓手，强化县、乡、村三级便民服务网络建设，多为群众办实事、办好事，通过服务贴近群众、团结群众、引导群众、赢得群众。严格落实党建工作责任制，全面开展市县乡党委书记抓基层党建工作述职评议考核。

四、围绕增添农村发展活力，全面深化农村改革

全面深化改革，必须把农村改革放在突出位置。要按照中央总体部署，完善顶层设计，抓好试点试验，不断总结深化，加强督查落实，确保改有所进、改有所成，进一步激发农村经济社会发展活力。

21. 加快构建新型农业经营体系

坚持和完善农村基本经营制度，坚持农民家庭经营主体地位，引导土地经营权规范有序流转，创新土地流转和规模经营方式，积极发展多种形式适度规模经营，提高农民组织化程度。鼓励发展规模适度的农户家庭农场，完善对粮食生产规模经营主体的支持服务体系。引导农民专业合作社拓宽服务领域，促进规范发展，实行年度报告公示制度，深入推进示范社创建行动。推进农业产业化示范基地建设和龙头企业转型升级。引导农民以土地经营权入股合作社和龙头企业。鼓励工商资本发展适合企业化经营的现代种养业、农产品加工流通和农业社会化服务。土地经营权流转要尊重农民意愿，不得硬性下指标、强制推动。尽快制定工商资本租赁农地的准入和监管办法，严禁擅自改变农业用途。

22. 推进农村集体产权制度改革

探索农村集体所有制有效实现形式，创新农村集体经济运行机制。出台稳步推进农村集体产权制度改革的意见。对土地等资源性资产，重点是抓紧抓实土地承包经营权确权登记颁证工作，扩大整省推进试点范围，总体上要确地到户，从严掌握确权确股

不确地的范围。对非经营性资产，重点是探索有利于提高公共服务能力的集体统一运营管理有效机制。对经营性资产，重点是明晰产权归属，将资产折股量化到本集体经济组织成员，发展多种形式的股份合作。开展赋予农民对集体资产股份权能改革试点，试点过程中要防止侵蚀农民利益，试点各项工作应严格限制在本集体经济组织内部。健全农村集体“三资”管理监督和收益分配制度。充分发挥县乡农村土地承包经营权、林权流转服务平台作用，引导农村产权流转交易市场健康发展。完善有利于推进农村集体产权制度改革的税费政策。

23. 稳步推进农村土地制度改革试点

在确保土地公有制性质不改变、耕地红线不突破、农民利益不受损的前提下，按照中央统一部署，审慎稳妥推进农村土地制度改革。分类实施农村土地征收、集体经营性建设用地入市、宅基地制度改革试点。制定缩小征地范围的办法。建立兼顾国家、集体、个人的土地增值收益分配机制，合理提高个人收益。完善对被征地农民合理、规范、多元保障机制。赋予符合规划和用途管制的农村集体经营性建设用地出让、租赁、入股权能，建立健全市场交易规则和服务监管机制。依法保障农民宅基地权益，改革农民住宅用地取得方式，探索农民住房保障的新机制。加强对试点工作的指导监督，切实做到封闭运行、风险可控，边试点、边总结、边完善，形成可复制、可推广的改革成果。

24. 推进农村金融体制改革

要主动适应农村实际、农业特点、农民需求，不断深化农村金融改革创新。综合运用财政税收、货币信贷、金融监管等政策措施，推动金融资源继续向“三农”倾斜，确保农业信贷总量持续增加、涉农贷款比例不降低。完善涉农贷款统计制度，优化涉农贷款结构。延续并完善支持农村金融发展的有关税收政策。开展信贷资产质押再贷款试点，提供更优惠的支农再贷款利率。

鼓励各类商业银行创新“三农”金融服务。农业银行（3.68，-0.04，-1.08%）三农金融事业部改革试点覆盖全部县域支行。农业发展银行要在强化政策性功能定位的同时，加大对水利、贫困地区公路等农业农村基础设施建设的贷款力度，审慎发展自营性业务。国家开发银行要创新服务“三农”融资模式，进一步加大对农业农村建设的中长期信贷投放。提高农村信用社资本实力和治理水平，牢牢坚持立足县域、服务“三农”的定位。鼓励邮政储蓄银行拓展农村金融业务。提高村镇银行在农村的覆盖面。积极探索新型农村合作金融发展的有效途径，稳妥开展农民合作社内部资金互助试点，落实地方政府监管责任。做好承包土地的经营权和农民住房财产权抵押、担保、贷款试点工作。鼓励开展“三农”融资担保业务，大力发展政府支持的“三农”融资担保和再担保机构，完善银担合作机制。支持银行业金融机构发行“三农”专项金融债，鼓励符合条件的涉农企业发行债券。开展大型农机具融资租赁试点。完善对新型农业经营主体的金融服务。强化农村普惠金融。继续加大小额担保财政贴息贷款等对农村妇女的支持力度。

25. 深化水利和林业改革

建立健全水权制度，开展水权确权登记试点，探索多种形式的水权流转方式。推进农业水价综合改革，积极推广水价改革和水权交易的成功经验，建立农业灌溉用水总量控制和定额管理制度，加强农业用水计量，合理调整农业水价，建立精准补贴机制。吸引社会资本参与水利工程建设和运营。鼓励发展农民用水合作组织，扶持其成为小型农田水利工程建设和管护主体。积极发展农村水利工程专业化管理。建立健全最严格的林地、湿地保护制度。深化集体林权制度改革。稳步推进国有林场改革和国有林区改革，明确生态公益功能定位，加强森林资源保护培育。建立国家用材林储备制度。积极发展符合林业特点的多种融资业务，吸引社会资本参与林业建设。

26. 加快供销合作社和农垦改革发展

全面深化供销合作社综合改革，坚持为农服务方向，着力推进基层社改造，创新联合社治理机制，拓展为农服务领域，把供销合作社打造成全国性为“三农”提供综合服务的骨干力量。抓紧制定供销合作社条例。加快研究出台推进农垦改革发展的政策措施，深化农场企业化、垦区集团化、股权多元化改革，创新行业指导管理体制、企业市场化经营体制、农场经营管理体制。明晰农垦国有资产权属关系，建立符合农垦特点的国有资产监管体制。进一步推进农垦办社会职能改革。发挥农垦独特优势，积极培育规模化农业经营主体，把农垦建成重要农产品生产基地和现代农业的示范带动力量。

27. 创新和完善乡村治理机制

在有实际需要的地方，扩大以村民小组为基本单元的村民自治试点，继续搞好以社区为基本单元的村民自治试点，探索符合各地实际的村民自治有效实现形式。进一步规范村“两委”职责和村务决策管理程序，完善村务监督委员会的制度设计，健全村民对村务实行有效监督的机制，加强对村干部行使权力的监督制约，确保监督务实管用。激发农村社会组织活力，重点培育和优先发展农村专业协会类、公益慈善类、社区服务类等社会组织。构建农村立体化社会治安防控体系，开展突出治安问题专项整治，推进平安乡镇、平安村庄建设。

五、围绕做好“三农”工作，加强农村法治建设

农村是法治建设相对薄弱的领域，必须加快完善农业农村法律体系，同步推进城乡法治建设，善于运用法治思维和法治方式做好“三农”工作。同时要从农村实际出发，善于发挥乡规民约的积极作用，把法治建设和道德建设紧密结合起来。

28. 健全农村产权保护法律制度

完善相关法律法规，加强对农村集体资产所有权、农户土地承包经营权和农民财产权的保护。抓紧修改农村土地承包方面的法律，明确现有土地承包关系保持稳定并长久不变的具体实现形式，界定农村土地集体所有权、农户承包权、土地经营权之间的权利关系，保障好农村妇女的土地承包权益。统筹推进与农村土地有关的法律法规制定和修改工作。抓紧研究起草农村集体经济组织条例。加强农业知识产权法律保护。

29. 健全农业市场规范运行法律制度

健全农产品市场流通法律制度，规范市场秩序，促进公平交易，营造农产品流通法治化环境。完善农产品市场调控制度，适时启动相关立法工作。完善农产品质量和食品安全法律法规，加强产地环境保护，规范农业投入品管理和生产经营行为。逐步完善覆盖农村各类生产经营主体方面的法律法规，适时修改农民专业合作社法。

30. 健全“三农”支持保护法律制度

研究制定规范各级政府“三农”事权的法律法规，明确规定中央和地方政府促进农业农村发展的支出责任。健全农业资源环境法律法规，依法推进耕地、水资源、森林草原、湿地滩涂等自然资源的开发保护，制定完善生态补偿和土壤、水、大气等污染防治法律、法规。积极推动农村金融立法，明确政策性和商业性金融支农责任，促进新型农村合作金融、农业保险健康发展。加快扶贫开发立法。

31. 依法保障农村改革发展

加强农村改革决策与立法的衔接。农村重大改革都要于法有据，立法要主动适应农村改革和发展需要。实践证明行之有效、立法条件成熟的，要及时上升为法律。对不适应改革要求的法律法规，要及时修改和废止。需要明确法律规定具体含义和适用法律依据的，要及时作出法律解释。实践条件还不成熟、需要先行先试的，要按照法定程序作出授权。继续推进农村改革试验区工作。深化行政执法体制改革，强化基层执法队伍，合理配置执法力量，积极探索农林水利等领域内的综合执法。健全涉农行政执法经费财政保障机制。统筹城乡法律服务资源，健全覆盖城乡居民的公共法律服务体系，加强对农民的法律援助和司法救助。

32. 提高农村基层法治水平

深入开展农村法治宣传教育，增强各级领导、涉农部门和农村基层干部法治观念，引导农民增强学法尊法守法用法意识。健全依法维权和化解纠纷机制，引导和支持农民群众通过合法途径维权，理性表达合理诉求。依法加强农民负担监督管理。依靠农民和基层的智慧，通过村民议事会、监事会等，引导发挥村民民主协商在乡村治理中的积极作用。

各级党委和政府要从全面建成小康社会、加快推进社会主义现代化的战略高度出发，进一步加强和改善对“三农”工作的领导，切实防止出现放松农业的倾向，勇于直面挑战，敢于攻坚克难，努力保持农业农村持续向好的局面。各地区各部门要深入研究农业农村发展的阶段性特征和面临的风险挑战，科学谋划、统筹设计“十三五”时期农村改革发展的重大项目、重大工程和重大政策。加强督促检查，确保各项“三农”政策不折不扣落实到位。巩固和拓展党的群众路线教育实践活动成果，坚持不懈改进工作作风，努力提高“三农”工作的能力和水平。

让我们紧密团结在以习近平同志为总书记的党中央周围，开拓创新，扎实工作，加快农村改革发展，为全面建成小康社会作出新的贡献！

中共中央国务院

2015 年 2 月 1 日

附录2 《农业部办公厅关于加强农民创新创业服务工作促进农民就业增收的意见》

各省、自治区、直辖市及计划单列市、新疆生产建设兵团农产品加工业、休闲农业、乡镇企业管理部门：

为深入贯彻《国务院办公厅关于发展众创空间推进大众创新创业的指导意见》精神，进一步营造良好的农民创新创业环境，激发农民创新活力和创业潜力，促进农民就业增收，现就加强农民创新创业服务工作提出如下意见。

一、深刻认识农民创新创业服务工作的重要意义

农民是新常态、新阶段背景下推动“大众创业、万众创新”中人数最多、潜力最大、需求最旺的重要群体。改革开放以来，我国农民创新创业蓬勃兴旺，不断为发展现代农业、壮大二三产业、建设新农村和推进城乡一体化作出贡献，涌现出一大批卓有建树的企业家和懂经营、善管理、素质高、沉得下、留得住的农民创新创业骨干队伍。与此同时，各地主管部门认真履责、主动作为，推动农民创新创业服务工作广泛开展。但就整体而言，农民创新创业服务能力尚待提高，服务体系尚不健全，制约了农民创新创业开展。

各地实践表明，加强农民创新创业服务工作，有利于以创新引领创业、以创业带动就业，吸引各种资源要素和人气向农村聚集，培植农产品加工业、休闲农业和农村二三产业新增长点；有

利于构建现代农业产业体系、生产体系和经营体系，推动农村一二三产业融合发展，促进农民就业增收；有利于筑牢新农村和小城镇产业支撑，促进城乡发展一体化，推动稳增长、调结构、促改革、惠民生。因此，必须把加强农民创新创业服务工作作为主管部门的重要职责，进一步增强责任感使命感，下大力气、形成合力、抓紧抓好。

二、正确把握农民创新创业服务工作的总体要求

加强农民创新创业服务工作，要认真贯彻落实党中央、国务院关于促进农民创新创业的一系列方针政策，坚持政府推动、政策扶持、农民主体、社会支持相结合，在农村和城乡一体化区域范围内，利用平台建设、政策扶持、创业辅导、公共服务、宣传推介等主要手段，以农村能人、返乡农民工、退役军人和大学生村官创办农产品加工业、休闲农业、民俗民族工艺产业和农村服务业为重点，以营造良好农民创新创业生态环境为目标，以激发农民创新创业活力为主线，探索走出示范先行、积累经验、辐射带动、整体推进的新路子，建立完善农民创新创业服务体系，孵化培育一大批农村小型、微型企业，促进农民创新创业群体高度活跃，推动农民创新创业文化氛围更加浓厚。

要坚持市场导向，尊重农民的主体地位，鼓励社会资本支持农民创业。坚持政策扶持，降低创新创业门槛，着力培育创新人才和创业带头人。坚持因地制宜，发挥“三农”资源特色优势，不断拓宽创新创业领域。坚持就地就近，将农民创业与新农村建设、小城镇产业支撑、现代农业发展和区域经济特色结合起来，优化资源配置。坚持典型带动，激励成功与宽容失败相结合，形成点创新、线延伸、面推广的格局。坚持改革创新，推动“产学研推用”协同创新，提供农民创新创业体制和机制保障。坚持绿色低碳，鼓励发展资源节约、环境友好型产业和产品，助力生态

文明建设和绿色化发展。坚持艰苦创业，大力倡导弘扬乡、镇企业想尽千方百计、说尽千言万语、受尽千辛万苦、走尽千山万水的“四千精神”，培育企业家精神，提高创新创业效率。

三、认真推动落实促进农民创新创业的扶持政策

对农民引进新业态、新技术、新产品、新模式进行创新和农民利用自身积累、发现机会、整合资源、适应市场需求创办的小型微型企业，要为其积极争取平等待遇，享受现有扶持创新创业、小型微型企业、“三农”金融支持和强农惠农富农的一系列政策措施，正在实施的农产品初加工设施补助政策、关键技术推广、休闲农业示范创建等要向农民创新创业倾斜。整合统计直报点和农民创业联系点，建立一批“农民创新创业环境和成本监测点”，发布“农民创新创业环境和成本监测分析报告”。对于那些促进农民创新创业政策环境好、服务优、意识强、氛围浓、农民创新创业活跃指数高、效果显著的县建成农民创新创业示范县。通过经验总结、模式研究、案例分析等手段，树立一批可借鉴、可复制、可推广的典型，引领更多的地方政府为农民创新创业创设政策、降低门槛、改善环境、提供服务。

四、努力搭建农民创新创业示范基地

支持和鼓励各类企业和社会机构利用现有乡镇工业园区、闲置土地、厂房、校舍和批发市场、楼宇、商业街、科研培训设施，为农民创新创业提供孵化服务，按照标准建成设施完善、功能齐全、服务周到的农民众创空间和农民创新创业示范基地。鼓励知名乡镇企业、小康村、农产品加工企业、休闲农业企业等为农民创新创业提供实习、实训和见习服务，按照标准建成农民创新创业见习基地。

五、进一步强化农民创新创业培训辅导

联合大专院校探索实行“理论学习＋实践教学”的分段培养模式，争取为农民创新创业制定专门培养计划。依托现有乡镇企业、农产品加工业和休闲农业培训机构，开展农民创新创业指导师、农民创新创业辅导员培训，建设一支专家导师（须为大专院校、科研院所专家）、企业家导师（须为企业生产经营管理人员）为主体的农民创新创业指导人员队伍。广泛组织农民创新创业、技术能手、职业技能培训，不断提升创新创业农民的综合素质、创业能力和技能水平，鼓励农民发展新业态、新技术、新产品，创新商业模式，大力发展“互联网＋电子商务”，引导各类农民创新创业主体与电商企业对接，培育农民电商带头人，对于那些创业成功、示范带动作用明显的农民创新创业者，按照标准将其培育成农民创新创业之星。

六、积极提供农民创新创业各类专业服务

依托现有的乡镇企业（中小企业）服务中心、创业服务中心等服务机构，通过政府购买服务、项目招投标等方式健全服务功能，整合社会资源，为农民创新创业提供包括政务、事务等专业和综合类的服务。要充分发挥大专院校、科研院所、行业协会和社会中介组织的作用，开展研发设计、检验检测、技术咨询、市场拓展等行业综合服务以及信息、资金、法律、知识产权、财务、咨询、技术转移等专业化服务。要加强法律援助，协助农民创新创业中遇到的解纷。同时充分发挥重点乡镇企业、农产品加工龙头企业、休闲农业示范企业、小康村、大型农贸市场和乡镇工业园区的作用，组织创新创业农民与其对接，形成企业带动、名村带动、市场带动和园区带动农民创新创业的格局，真正做到“扶上马，送一程”。

七、不断探索农民创新创业融资模式

探索由各级农产品加工业、休闲农业、乡镇企业协会和中介组织牵头，吸引相关的投资机构、金融机构、企业和其他社会资金建立农民创新创业发展基金。培育一批天使投资人，引入风险投资机制，发挥多层次资本市场作用，为创新创业农民提供投融资、担保、质押等多种方式的综合金融服务。加强与金融机构的合作，为农民创新创业提供低息、贴息贷款以及方便、高效的金融服务，不断降低农民创新创业的融资成本。

八、切实提高加强农民创新创业服务工作的指导水平

各地要高度重视推进农民创新创业服务工作，加强对农民创新创业服务工作的组织领导。农业部农村社会事业发展中心（农业部乡镇企业发展中心）要制定具体实施方案加以推进；各级农产品加工业、休闲农业、乡镇企业主管部门要分别制定工作方案加以实施，要加强与相关部门的工作协调，研究加强农民创新创业服务工作的政策措施。同时，充分发挥中国乡镇企业协会等社团组织的作用，帮助解决农民创新创业中的问题和困难，组织宣传推广农民创新创业的奋斗历程和成功经验，推介一批示范典型，不断激发农民的创新创业潜力，让农村大众创业、万众创新蔚然成风。

农业部办公厅

2015年3月30日

参考文献

蔡云凤，闫志利. 中外新型职业农民培育模式比较研究［J］. 教育探索，2014（03）.

熊辉. 新型职业农民创业发展面临的问题及对策建议［J］. 现代农村科技，2015（03）.

姜卫良，王永和. 新型农民创业指导. 北京：中国农业科学技术出版社，2011.

宁泽逵，等. 新农民创业致富指南［M］. 北京：人民出版社，2011.

创业故事网. www. cyegushi. com.

一亩田农业网. www. ymt. com.

中国惠农网. www. cnhnb. com.

中国农业网. www. zgny. com. cn.

特种养殖网. ty. zgny. com. cn.

中国农业信息网. www. agri. cn（农业部信息中心）.